跨境支付全球史

从马尔代夫海贝到数字货币

贺力平　赵　鹞◎著

中国出版集团
中译出版社

图书在版编目（CIP）数据

跨境支付全球史：从马尔代夫海贝到数字货币 / 贺力平，赵鹬著. -- 北京：中译出版社，2024.8
ISBN 978-7-5001-7459-2

Ⅰ.①跨… Ⅱ.①贺…②赵… Ⅲ.①电子商务—银行业务—研究 Ⅳ.① F830.49

中国国家版本馆 CIP 数据核字（2023）第 146417 号

跨境支付全球史：从马尔代夫海贝到数字货币
KUAJING ZHIFU QUANQIU SHI: CONG MAERDAIFU HAIBEI DAO SHUZI HUOBI

著　　者：贺力平　赵　鹬
策划编辑：于　宇　方荟文
责任编辑：方荟文
营销编辑：马　萱　钟筱童

出版发行：中译出版社
地　　址：北京市西城区新街口外大街 28 号普天德胜大厦主楼 4 层
电　　话：（010）68002494（编辑部）
邮　　编：100088
电子邮箱：book@ctph.com.cn
网　　址：http://www.ctph.com.cn

印　　刷：北京盛通印刷股份有限公司
经　　销：新华书店
规　　格：880 mm×1230 mm　1/32
印　　张：10
字　　数：181 千字
版　　次：2024 年 8 月第 1 版
印　　次：2024 年 8 月第 1 次

ISBN 978-7-5001-7459-2　　　　定价：79.00 元

版权所有　侵权必究
中译出版社

序　言

跨境支付活动出现于人类诞生之初，远古时期不同部落和不同部族之间的经济交往和物品交换或是最早的跨境支付。彼时，多种多样的物品曾经充当过跨境支付工具，来自印度洋岛国马尔代夫的海贝很可能就是中国商周时期使用的跨境支付工具。中世纪以来，跨境支付领域经历了数次重大创新和飞跃。从中国唐朝的"飞钱"到美第奇家族的私人跨国银行，从国际清算银行（BIS）到环球银行金融电信协会（SWIFT），从移动支付到数字货币，全球跨境支付领域的每一次变革无不生动地体现了创新驱动和创新主导在这一发展历程中所扮演的不可或缺的角色。尤其是 21 世纪以来，随着全球化进程的加速和数字技术的迅猛发展，特别是网络与通信技术的崛起，支付方式和跨境支付正在经历新一轮的重大历史变革，并持续推动着全球经济和金融的进一步融合发展。

首先，跨境支付为经济发展和贸易便利性提供了坚实的支持。全球产业链的建立和拓展需要一个高效、安全的国际支付体系，而跨境支付的便捷性和高效率直接影响到企业和个人的国际业务活动，为推动全球经济的增长和合作发挥着不可替代的作用。

其次，支付和跨境支付作为金融系统的核心组成部分，将全球经济与全球金融紧密连接在一起，其稳定性直接关系到全球金融体系的健康。作为全球经济的关键纽带，支付和跨境支付在全球经济中的重要性正日益彰显。

最后，跨境支付对于国际货币的地位有着直接而深远的影响。历史上，英镑和美元在20世纪前半期和后半期分别取得显著的国际货币地位，就与两国国内支付和跨境支付的快速发展密不可分。在当今世界，中国作为跻身全球前列的贸易大国和国际收支大国，未来人民币理应在世界经济和贸易中发挥更大作用。而在人民币国际化的发展过程中，中国跨境支付产业的大发展必将发挥关键作用，推动人民币在国际经济体系中被广泛使用。

作为一个具有重要地位的新兴产业，跨境支付与国内支付的互动关系日益频繁和密切，共同为中国经济高质量发展提供着重要支持。国内支付作为跨境支付的基础和出发点，其发展必须得到重视。改革开放初期和中期，由于我国国内支付发展相对滞后，涉及我国的跨境支付主要是应用跨境支付的国外成果和规范。进入21世纪以来，随着中国经济的持续增长和数字新技术的大量涌现、不断创新，我国支付产业发生了根本性的变化。一批国内企业崛起并进军国际市场，成为跨境支付全球领域中新的重要角色。可以预见,未来中国将在跨境支付全球产业中发挥更加显著的作用,为国内支付和跨境支付的良性互动提供有力支持,助力中国经济高质量发展。

令人遗憾的是,支付,尤其是跨境支付问题,过去在我国学术界却相对被忽视且研究不足。这主要源于改革开放初期和中期,支付多为银行的"附属"业务,中小企业和普通民众的支付则主要依赖现金。当时的"国际结算"学科能够应对跨境支付的大多数问题。相对于经济和货币金融领域中的其他问题,国内支付和跨境支付的重要性并未得到应有的重视,也鲜少有人进行深入的研究。今天,学界与业界都有必要加强对支付和跨境支付的全面研究。因为,对跨境支付的学术溯源研究,能帮助我们更好地理解和应对全球经济中不断变化的支付环境,为构建更加稳健和创新的金融体系提供有力的支持;对跨境支付的创新产业研究,能让我们紧紧抓住数字技术与数字经济所带来的高质量发展新机遇,更好地服务实体经济与民生建设;对跨境支付的前瞻政策研究,则敦促我们在各种复杂国际环境中把握历史主动,为金融强国建设目标奠定坚实的发展条件与安全基础。

贺力平教授长期从事国际金融的研究与教学,在国内外享有很高的声誉。他带领博士生赵鹞,遨游史海、历时数年最终撰写成这部《跨境支付全球史》,填补了我国跨境支付领域历史研究的一项空白。在这部著作即将面世之际,谨向他们表示衷心的祝贺！这部著作的出版不仅有着重要的学术价值，更对推动我国跨境支付领域的创新研究、促进数字货币等新技术应用具有深远的现实意义。这本书值得感兴趣的读者认真阅读和思考，一定开卷有益。

清华大学五道口金融学院前院长

中国人民银行原行长助理

张晓慧

2024 年 1 月 24 日于北京

目 录

序 言 / 张晓慧　　　　　　　　　　　　　　　　　　　　　　I

绪 论　跨境支付的基本特点与发展脉络

第一章　跨境支付与货币的诞生

物物交易在人类社会早期发展阶段的普遍性	015
"币"最早出现于部落之间的跨境支付	020
海贝是历史上最早的跨境支付工具？	025
春秋战国时期的跨境支付	033
古代丝绸之路上的跨境支付	039
走出国门的金银铸币	048

第二章　跨境支付历史上的金银竞争

历史上推动跨境支付发展的中心化力量与网络力量	065
历史上的"金帝国"	072

历史上的"银帝国"	082
跨境支付与白银的世界性流动	086
金本位制为何胜出？	092
多边跨境支付的兴起	104

第三章　银行与非现金跨境支付工具的发展

唐朝"飞钱"与汇票的关系	112
作为闭环模式经营者的圣殿骑士团	117
美第奇银行与中世纪欧洲汇票制度的创立	122
存款银行的兴起及其在跨境支付中的作用	132
代理行制度的普及与汇票制度的新发展	139
传统的和半传统的跨境支付系统	150

第四章　跨境支付在 20 世纪的发展

美元成为 20 世纪后半期的主导国际货币	160
政府间多边支付组织登上历史舞台	167
商业银行成为跨境支付服务的主角	175
中央银行成为国内支付体系建设的主导	185
卡网组织与跨境零售支付的发展	191
欧元区结算体系的创立和发展	197
跨境支付国际网络的基础设施建设	204

第五章 数字时代的跨境支付及其未来

数字时代的到来及其对跨境支付的影响	219
贝宝支付的兴起和移动支付在中国的崛起	225
跨境零售支付的流行和传统代理行的式微	232
加密资产狂热和脸书"创意"	238
跨境支付难题与转型	247
数字货币引领潮流	261

参考文献	275
条目索引	293
跋	303
致 谢	309

图表目录

图 3-1	标准化的四方汇票交易流程	127
图 3-2	伦敦汇票（英镑汇票）的交易流程	147
图 4-1	美元与英镑汇率（1900—1999 年）	161
图 4-2	美元在全球官方外汇储备中的份额及美国在世界GDP 中的份额（1953—1999 年）	162
图 4-3	CLS 银行业务流程	211
图 4-4	备用信贷额度运作原理	212
图 5-1	跨境支付体系转型示意	251

表 0-1	跨境支付与国内支付的比较	005
表 5-1	跨境支付难题一览	248
表 5-2	跨境支付路线图五大主题和十九个工作模块	264
表 5-3	央行数字货币跨境支付创新项目一览	268

绪 论

跨境支付的基本特点与发展脉络

什么是支付？最简单的说法，支付是交易一方以对方同意接受的钱款、物品或服务换取对方一定种类和数量的物品或服务，即以一方所有换取对方所有，是交易者所有权在一定条件下的转让。此"一方所有"即为支付手段。今天，多种事物皆可担任支付手段，包括现金、支票、电子转账、借记卡、信用卡甚至加密资产。乍看上去，支付仅涉及交易双方，是十分简单的事情，其实不然。究竟什么样的"一方所有"可充当支付手段，绝不仅限于交易双方的协议，在很大程度上取决于多数社会成员的意愿和看法。对多数社会成员来说，在出让自己所有并接受对方给付时，心中想到的是其他社会成员如何看待并接受此给付。换言之，第三方因素（也就是社会的因素）在这里无声地发挥了极端重要的作用。在今日世界，充当支付手段的现金、支票、电子转账、银行卡等皆非某个人的发明，而是社会的创造，其交易和使用还受所在国法律的制约。由此可见，支付是一个高度社会化的复杂事物。本书将要说明，支付，特别是跨境支付的发展与人类文明同步，经历了从初级形式到高级形式的漫长历程；进入21世纪以来，在技术进步和经济全球化的推动下，支付和跨境支付愈发呈现日新月异、百花竞艳的面貌。

所有的支付都可分为国内支付和跨境支付。国内支付即一国境内或一个法律管辖区内交易者之间的支付，双方皆为本国或本地居民，使用相同的货币，并遵从国内法规。跨境支付则指至少有一方位于境外或另一法律管辖区的支付，无论其为给付者还是受付者。跨境支付往往涉及不同的货币，而且至少受到两国或两个管辖区法律的制约。20世纪以来，跨境支付还受有关国际公法和国际私法的制约。国内支付与跨境支付既有共性，亦有不同。举例而言，若一家东半球的公司在其日间营业时间向西半球某公司发出支付指令，后者及其支付代理正处于夜间休息状态，此笔跨境支付或仅因为时差而无法及时完成。可见，国际时差是影响跨境支付的一个因素，而该因素在国内支付中极为少见。世界上仅有个别幅员辽阔的国家横跨多个时区，其国内支付有时或受此影响。

相比国内支付，跨境支付多为远距离支付，亦为大金额支付，不仅须经过货币兑换，而且常牵连多层代理环节，在付与收之间存在较长时隔。当然，就大国而言，国内支付时常涉及

绪 论 跨境支付的基本特点与发展脉络

远距离,而对小型经济体而言,跨境支付不必然是远距离的。自货币发明和专门经营机构诞生以来,国内支付和跨境支付无一例外都牵涉六大要素,即依托币种、支付工具、专门经营机构、收益、成本、流动性和风险管理。依托币种指交易双方共同认可的币种;支付工具指具体的货币形式,如现金或是某种非现金工具;专门经营机构指商业性支付服务的中介机构,通常为商贸企业和/或金融机构,统称支付服务提供商;收益指专门经营机构(支付服务提供商)从中获得的报酬,由支付客户付与,主要由支付服务的规模(普及性)决定;成本是支付服务提供商对其他相关经营者和劳动者付与的报酬(费用),主要由支付服务的技术和管理决定,支付服务提供商的收益与成本之比即为其效率;流动性和风险管理指支付服务提供商在经营过程中可能遇到的准备金(备付金)短缺和交易对手违约情况。国内支付和跨境支付皆涉及上述六要素,但程度显著不同。表 0-1 比较了跨境支付与国内支付在六要素上的不同表现。

表 0-1 跨境支付与国内支付的比较[①]

要素	国内支付	跨境支付
依托币种	本国货币;不涉及货币兑换	常涉及不同币种和货币兑换
支付工具	现金与非现金	常为非现金
专门经营机构	银行与非银行等	涉足国际业务的银行与非银行等

① 此表参考国际清算银行(BIS)2020 年以来关于跨境支付的多篇报告。

续表

要素	国内支付	跨境支付
收益	相对高	相对低
成本	相对低	相对高
流动性和风险管理	风险有高有低，与国内结算体系密切相关	风险偏高，须依托国际合作应对

说明：目前跨境支付仅在欧元区范围内不涉及货币兑换。

支付不仅是物与物或钱与物的交换，而且包含信息的传送和交换。前文说支付"是交易者所有权在一定条件下的转让"，意指伴随物与物或钱与物的交换，交易者之间的债权（所有权）得到确认，因延期支付而发生的债务得到清偿，在此过程中，一定会伴随相关信息的传送和交换，否则所有权的转让无法得到当事人的确认，亦无法完成。而在信息传送和交换上，跨境支付与国内支付的差别尤为显著。跨境支付不仅多为远距离和跨时区的交换，而且多为跨语言文化区、跨货币和跨司法区域的交换。因此，跨境支付不仅面临较高的成本和风险，而且对信息传送和信息交换提出了更高要求。

跨境支付与国内支付一样，皆可分为零售支付和批发支付。零售支付是面向个人的支付，包括个人与个人、个人与商户、个人和商户与政府之间的支付。批发支付主要是代理个人支付的商户之间和商户与政府机构之间的支付，21世纪20年代以来特指银行金融机构之间的支付，其特点是数额巨大、流动性

（准备金/备付金）要求高、风险防范极其重要。^① 基于支付活动的特殊性，尤其因为远距离和大宗交易对支付服务的特殊需求以及跨境支付所面临的高风险，历史上，支付服务渐渐从一般商业活动中分化出来，成为专门经营机构或金融机构的特别业务。一般而言，国内支付与跨境支付之间有着互动关系，跨境支付可作为国内支付的境外延伸，或者国内支付受到跨境支付发展的推动。由于各国经济制度的差别，国内支付与跨境支付也会出现不平衡发展的局面。

在当代世界，支付服务的需求主体是个人、企事业机构、金融机构和政府，支付服务提供商则有银行和非银行机构。在此框架中，研究者将支付服务活动区分为前端交易和后端交易。前端交易指由支付者发起和选择的支付交易，例如位于某地的个人需向外地的亲属或关系人支付一笔款项，他或她可选择银行转账、邮局汇款或移动支付，类似的跨境支付亦有多种形式和渠道可供个人或企业选择。后端交易指支付服务提供商内部及相互间的交易安排和业务流程，即客户支付指令经由支付服务提供商而进行和完成。支付服务后端交易的重要环节包括准

---

① 欧洲中央银行执行董事会成员法比奥·佩内塔（Fabio Panetta）指出，批发支付是指银行间以存放在央行的准备金进行的跨行资金结算，与金额大小无关，并非大金额支付才是批发支付。详见 https://www.ecb.europa.eu/press/key/date/2022/html/ecb.sp220926~5f9b85685a.en.html。

备金（备付金）配置、信息传送、清分（清算）和结算。准备金（备付金）配置指同一支付服务提供商（支付服务机构/经营机构）在其各分支机构留存备用金头寸；信息传送指经营机构将客户发起的支付指令转换为内部操作指示和/或经营机构之间的交易协议；清分（清算）指经营机构将众多交易指令及相关信息进行分类整理，依各分支机构或相关机构划分债权债务；结算指依清分后的债权债务进行资金划拨或资金转账以清偿债务，既完成客户支付指令，又确保经营机构的业务持续。在跨境支付中，上述准备金（备付金）配置、信息传送、清分（清算）和结算各环节皆与境外机构发生关系，同时还涉及货币兑换及相关信息处理。在支付机构兴起后，支付服务的后端交易为所有经由支付机构的跨境支付所必需，是影响跨境支付成本、效率和风险的重要因素。对作为支付客户的普通消费者来说，其对支付服务的后端交易往往无从感知。

从支付服务后端交易的角度看，古往今来的跨境支付可分为四种模式：点对点模式、闭环模式、代理行模式和互联模式。点对点模式指某国客户利用某个支付基础设施或渠道对另一国客户的直接支付，例如利用跨国邮政系统或近代以前诸多内陆地区常见的季节性跨境旅行商队。当代世界的崭新事例则为利用分布式账本技术跨境传送加密资产。闭环模式指单一跨国组织利用其分布于不同国家的分支机构为客户提供跨境支付，例如一家大型国际银行在多国设有分行或子行,跨境支付的给付人和受付人皆为该银行的存款客户。代理行模式指位于不同国家的银行和/或非银行机构建立持续性的支付服务合作关系,通过互设存款账户为跨境支付所需要的资金结算提供便利。互联模式指一国的支付基础设施与他国的支付基础设施相互开放和链接,两国的支付客户可不受阻碍地利用此新系统进行跨境支付。此处"支付基础设施"主要指有关国家已经成型的银行间结算系统。

历史上,上述四种跨境支付模式出现各有早晚,发展亦非同步。零星的和不连续的点对点跨境支付或许早已有之,在远古游牧部落时代便已初现,但可服务于个人点对点跨境支付的跨国邮政系统则始现于 19 世纪。中世纪欧洲的圣殿骑士团或许是世界上首个闭环模式的跨境支付经营者,但未能长久存活。圣殿骑士团之后的意大利美第奇银行兼有闭环模式和代理行模式的特点,或者说代理行模式在其经营活动中已见端倪。代理行模式的全球性普及出现于 19 世纪后半期,尤与不列颠殖民帝国兼商业帝国的全球扩张密不可分。互联模式以有关国家国内结算体系的完备为前提,是四种跨境支付模式中最晚出现的,始于 21 世纪初的欧元区。

与其他文明创造物一样,自人类诞生以来,跨境支付经历了从无到有,从微到著,从零星、偶然、无定型到普遍、持续、专业化的发展壮大。进入 21 世纪以来，跨境支付更是与国内支付齐头并进、比翼双飞，成为国际贸易和国际金融发展的得力助手和互惠伙伴。从根本上说，推动跨境支付发展的基本力量是国际贸易、国际投资和人员跨境流动，得益于需求和供给两方面诸多因素的良性互动，是有关经营机构在技术进步和管理组织革命的推动下通过国际合作克服由货币、法制、文化、习俗等多方面差别带来的交易障碍。

跨境支付的历史发展与货币演化息息相关。最早的货币或由国际贸易和跨境支付所催生。贵金属成为各国货币的首选币材在很大程度上得益于其在国际贸易和跨境支付中的广泛使用。货币的诞生既有便利跨境支付的作用，又有为跨境支付设置壁垒的作用。

历史上，黄金和白银分别地或共同地成为许多国家的货币，但究竟哪种币材或货币能成为跨境支付的流行币种，在很大程度上取决于有关国家的规模和势力范围。在相互往来的国际社会，若存在对跨境支付发布指令的中心，即为中心化体系，例如一个大帝国与其周边地区的相互往来和跨境支付；若不存在指令中心，则为分散化体系或单纯的网络体系，例如公元 1 世纪后散布世界各地的犹太人相互之间的往来和跨境支付活动；介于两者之间的相互往来和跨境支付可称为"半中心化的体系"，一个大型的国际性宗教组织网络（如中世纪欧洲的基督教)或弱化的帝国政权(如 19 世纪的奥斯曼帝国)可视为此类。在分散化体系中,市场力量发挥主导作用;而在半中心的体系中,市场和非经济因素共同发挥作用。

货币形态的演变推动了支付体系的发展。无论是历史上的贵金属还是 20 世纪流行于各国的纸钞,在远距离支付和跨境支付中都面临显著的携带传送成本和磨损丢失风险。随着国内商业和国际贸易的繁荣,人们开始寻求非现金支付工具和专门经营机构。唐朝的"飞钱"、中世纪欧洲的圣殿骑士团和意大利美第奇银行皆是远距离支付和跨境支付历史上的重大创新,给后世带来巨大影响。存款银行的创立更为非现金支付工具的运用开拓了广阔空间,使之成为国际贸易和跨境支付的便捷手段。19 世纪后半期,银行扩散至世界各国,全球范围首次出现基于非现金支付工具的跨境支付网络。

20 世纪是各国支付体系和跨境支付发生诸多革命性变化的时代,包括美元取代英镑成为主导性国际货币、政府间多边支付组织登上历史舞台、商业银行超越其他金融机构和商贸企业成为国内支付和跨境支付的主角、中央银行成为国内支付体系建设的主导、卡网组织与跨境零售支付迅猛增长、欧元区在货币统一的基础上取得跨境支付和结算体系发展上的重大突破等,跨境支付国际网络的基础设施建设迈上新台阶。当然,20 世纪也是各国政治经济体制和国际关系剧烈变化的时期,跨境支付不时受到极大影响,发展进程难免蜿蜒曲折。

进入21世纪后,经济全球化加快发展,数字技术开始广泛应用。数字技术极大地推动了国内支付和跨境支付的快速发展,给数以亿计的各国消费者带来了支付便利。传统的代理行模式日渐式微,跨境支付体系面临新转型。在21世纪,跨境支付发展具有新的重要意义,成为决定货币国际竞争的重要因素。借助于数字技术的应用和创新,各国中央银行加紧开发央行数字货币,加强主权数字货币合作。中国的数字人民币研发工作起步早,其主要参与的央行数字货币桥项目未来在跨境支付中会有广阔发展前景,或成为人民币国际化的重要助力。

第一章
跨境支付与货币的诞生

自人类诞生以来,各种形式的交换一直时刻相伴。在人类诞生之初,人们不使用货币,以物易物是基本的交换形态。货币是人类文明的伟大创造,也是诸多文明社会的重要标志。国际贸易和跨境支付在人类发明和创造货币的进程中发挥了重要作用。货币普及后,国际贸易和跨境支付的发展获得了新的重要推动力。

物物交易在人类社会早期发展阶段的普遍性

18世纪法国启蒙思想家孟德斯鸠(1689—1755年)提出了一个著名观点:货币是开化民族的特征。他说:"如果你因某种不测事故而单身到了某个民族,只要你在那里发现一枚钱币,就可以肯定你来到了一个开化的国家。"[①]他举出一个古代事例,

---

[①] 孟德斯鸠:《论法的精神(上册)》,张雁深译,商务印书馆,1984,第343页。

公元前某世纪，某位有文化的旅行者因船舶失事而在某地上岸，在海滩上见到一个几何图案，立即意识到自己已来到希腊人的属地。孟德斯鸠还说，以狩猎为生的游牧民族属于野蛮人或未开化民族，兼做饲养和驯化牲畜的民族属于半野蛮半开化民族，两者皆不知有货币。从事定居农业的民族则离不开货币，因为"土地的耕种需要使用货币。耕种土地就要有许多技艺和知识；我们知道技艺、知识和需要常常是齐步前进的。这一切都会导致一个'价值的标记'的建立"①。这里，孟德斯鸠的意思是，土地耕作（定居农业）所需要的技艺和知识是多种多样的，它们不可能来自某一个人或一个家庭，社会成员之间以及相遇相知的人员之间一定会频繁进行大量信息交流和物品交换，而大量物品交换只有在使用货币的条件下才得以顺利进行。

19世纪英国经济学家威廉·斯坦利·杰文斯（1835—1882年）指出，易货贸易是未开化民族之间"进行商务活动的唯一办法"。②他的主要依据是当时人类学者在世界各地的考察见闻，以及英国贸易公司的经营实践。他举出伦敦一家贸易公司的实例，该公司名为"非洲易货贸易有限公司"，在非洲西海岸完全通过以物易物的方式从事贸易，以欧洲的制成品换取当地

---

① 孟德斯鸠：《论法的精神（上册）》，第343页。
② 威廉·斯坦利·杰文斯：《货币与交换机制》，佟宪国译，商务印书馆，2020，第8页。

的棕榈油、砂金、象牙、棉花、咖啡、树胶和其他初级产品。[1] 杰文斯本人不是人类学家或考古学者,他举出这些事例的目的在于引出关于货币本质和功能的讨论。他认为,从经济分析的角度看,物物交换有三大局限性,不适合人类经济发展的需要。这三大局限性是机缘巧合的难得、确定交换比例的不易和找零的烦恼。

物物交换的第一个局限性"机缘巧合的难得"是指,某人携带某物 x 到市场上去交换自己所需之物 y,而他或她却难以在第一时间遇到别人带来自己所需之物 y 且其恰好需要物品 x(常见情形是某人带来物品 y,但其需要其他物品,例如 z)。此情形在当代经济学中被称为"需求的双重巧合"。不难想象,在一个有着众多人员和多种物品参与的交换市场中,物品 x 与 y 在短时间内碰巧成交的概率极其微小。简言之,物物交换面临极高的交易成本或者说信息搜寻成本。

物物交换的第二个局限性是"确定交换比例的不易"。沿用前面的事例,设想 x 和 y 分别是斧头和镰刀,两位物主碰巧在市场上相遇并有意成交,但接下来发生一个问题,无法确定两种物品该按何种比例进行交换。两人对交换比例很有可能抱有不同看法,例如,斧头的主人认为 1 把斧头值 3 把镰刀,镰刀

---

[1] 杰文斯:《货币与交换机制》,第 8 页。

的主人则认为1把斧头只值2把镰刀。他俩费尽口舌或不能达成共识。这亦属于交易成本高昂的情形。

物物交换的第三个局限性是"找零的烦恼",此点在杰文斯著作中表述为"对细分手段的渴望"[①]。设想前述事例中斧头与镰刀的主人就交换比例经过反复的讨价还价达成一致意见,双方同意1把斧头值2.5把镰刀,或者说2把斧头值5把镰刀。但问题是,镰刀的主人当下仅带了4把镰刀,无法给斧头的主人找零。1把镰刀不能被截为2片,"一分为二"在此处完全不适用,因为被截断的镰刀不再是镰刀,斧头的主人对它亦不再有需求。显然,双方的交换陷入困境,仅仅因为无法找零而不能成交。

在人类的发展历史上,尽管物物交换有诸多局限性,但它在一些地区曾长期盛行,并流行于跨境交换。21世纪的经济史学家确信,在哥伦布于15世纪末到达之前,美洲已存在广泛和活跃的"国际"贸易和"跨境"支付,而当时分布于南北美洲的各个印第安群体和联合体皆不使用货币。在哥伦布抵达之前,"加勒比海地区岛民商业往来频繁。但相比于中美洲的贸易,那还算是小儿科。在中美洲,位于今天墨西哥州的原住民,带着绿松石和白银到南方的特诺奇蒂特兰(今墨西哥市),换取当地制造的碗、小刀、梳子、毯子和羽毛制品,或换取阿兹特克人

---

① 杰文斯:《货币与交换机制》,第8页。

与邻近部族所积聚的形形色色的商品,包括来自韦拉克鲁斯的橡胶,来自恰帕斯的巧克力,来自尤卡坦半岛的豹皮和蜂蜜,来自尼加拉瓜的黄金,来自洪都拉斯或萨尔瓦多的可可豆和黑曜岩,来自哥斯达黎加的黄金。中美洲贸易商隔着辽阔大海进行贸易,海上距离相当于从西班牙南部到芬兰"[1]。16世纪初,在西班牙征服者到来之前,墨西哥城有许多广场,其中一个大型广场周边环绕拱廊,里面每天有六万多人做买卖。[2]

但是,无论是在远距离贸易还是在集市交易中,美洲的印第安人——阿兹特克人、印加人以及其他地区的原住民——从不使用货币。他们出产和拥有大量黄金、白银,但金银只是他们喜爱的装饰物品之一,并未被当作货币或专门的交易媒介。在这一点上,西班牙人到来之前的阿兹特克人和印加人有些像荷马史诗《伊利亚特》中所描绘的古希腊人,他们来自不同部族,为了获取战利品而共同参加特洛伊远征,把黄金、铁块、铜、牛、马等视为至高无上的奖品,这些物品对他们来说同时具有计价单位和交易媒介的功能,前者帮助他们度量其他物品的价值,后者意味着其中一些物品可被反复用于交换,但没有任何一种能够独占计价单位和交易媒介的功能,因而那时货币

---

[1] 彭慕兰、史蒂文·托皮克:《贸易打造的世界:1400年至今的社会、文化与世界经济》,黄中宪、吴莉苇译,上海人民出版社,2018,第59-60页。

[2] 同上书,第60-61页。

尚未从高价值物品中分化出来。

物物交换在世界各地的流行说明，人类文明在早期发展阶段已呈现多样性。物物交换不仅见于社区范围的集市贸易，而且通行于远距离跨境贸易。但是，无论物物交换伴随着多么繁荣的商业活动，它固有的局限性必定妨碍商业和经济的进一步发展，不利于文明的进步。

"币"最早出现于部落之间的跨境支付

货币是人类的伟大发明，在一定意义上也是开化与未开化之间的分野。但是，关于人类究竟如何发明货币的，学者们却有不同看法。

19世纪末至20世纪初德国知名学者马克斯·韦伯（1864—1920年）认为，货币具有两种不同的功能，一是支付工具（支付手段），二是交易媒介。在早期文明中，支付活动涉及赠予、聘金、妆奁、赔偿、罚金等，后来，支付活动还包括酋长对属民的酬劳、领主对臣仆的工资发放以及将军对士兵的犒劳等。韦伯指出，在迦太基城邦和波斯帝国，最早的铸币是为了给军事支付提供工具，而不是为了使之成为交易媒介。[1] 在支

---

[1] 马克斯·韦伯：《经济通史》，姚曾廙译，韦森校订，上海三联书店，2006，第148页。

付工具的使用中,一方对另一方常常具有发出指令的权威,后者对前者则有接受和服从的义务。如果支付活动涉及两个部落、部落联盟甚至具有政权属性的机构,那么,它们就属于跨境支付。

另外,作为交易媒介的货币则用于两位平等人士之间的交换活动,或者说两个具有平等关系的机构(部落或部落联盟等)之间。这是由共识和习俗所主导的过程。

韦伯说:"作为一般交换手段的货币职能起源于对外贸易。"[①] 他的意思是,两个相邻的部落或部落联盟早先不定期地互赠礼品,后来双方都习惯于对方定期馈赠礼品,而且若不能及时得到礼品则会心生烦恼,甚至以战争威胁对方,"不送礼就兵戎相见"[②]。韦伯的这个观点看似出自想象,其实得到了史实的支持。

公元前 3000 年左右,古埃及实现了南北统一,建立了世界上首个王朝体制,在经济上实行"指令型计划",国内不流通货币。古埃及农业发达,粮产充裕,但缺少木材和金属。"埃及的建筑项目和军队需要木料和金属矿物,人们为获得它们开始从事远程贸易,用礼物作为商业往来的敲门砖,或利用埃及的

[①] 韦伯:《经济通史》,第 149 页。
[②] 同上。

政治力量迫使附庸国纳贡……"① 亚述是两河流域（美索不达米亚）进入铁器时代后兴起的大帝国，以对外血腥征服而著称。亚述部落及后来的亚述帝国内部有大量交换活动，城市已经出现，但与古埃及一样国内经济不通行货币。亚述人大量开展对外贸易，与周边部落和国家互通有无。考古学者确认，位于今日土耳其西南部（两河流域上游地区）安纳托利亚的卡尼斯（卡尼什）城，即为公元前 20 世纪至公元前 18 世纪亚述人的贸易基地，该地在青铜时代曾是亚述人在安纳托利亚的"商业殖民地"。② 通过该地，亚述"购进银、金和铜等金属，同时销售纺织品给对方，锡金属则由亚述人自己从波斯进口。如此，军事强国亚述得以首先满足自己的武器铸造工场的金属需求，同时以银的形式，通过交换其他货物获得一种普遍可兑换的'货币'"③。古埃及和亚述的事例表明，即便国内经济体制完全排斥货币的使用，跨境支付和对外贸易的发展也会促成货币概念的萌生。

---

① 米夏埃尔·佐默尔：《古代经济史》，汤习敏译，上海三联书店，2020，第 41 页。
② 莫恩斯·特罗勒-拉尔森：《古代卡尼什：青铜时代安纳托利亚的商业殖民地》，史孝文译，商务印书馆，2021。
③ 同①书，第 38-39 页。卡尼斯（卡尼什）位于今天土耳其哈里斯河上游，距离地中海东海岸约 200 千米，马克·范·德·米罗普著《古代美索不达米亚城市》（李红燕译，商务印书馆，2022）所附"古代近东地图"标注了其位置。

第一章 跨境支付与货币的诞生

《诗经·大雅·绵》讲述西周开朝天子先辈古公亶父的"创业"事迹。古公亶父率众前往一片依山傍水之地开耕种植,建屋筑城,内修制度,外结诸邦,渐渐由小成大,由弱变强,名闻遐迩。这个故事展现了已为定居农业者的周朝先辈与周边游牧部族势力之间的冲突及和解的关系,此种关系也是后来战国时期孟子(约公元前 372—公元前 289 年)与诸侯国王公滕文公对话的主题。滕文公问孟子:"滕,小国也。竭力以事大国,则不得免焉。如之何则可?"意思是,滕国是小国,事事处处唯大国马首是瞻,而大国却继续欺负甚至霸占我这小国,究竟该如何是好呢?孟子借用周初的故事来应答,"昔者大王居邠,狄人侵之。事之以皮币,不得免焉;事之以犬马,不得免焉;事之以珠玉,不得免焉"(《孟子·梁惠王下》)。此故事讲述的显然为国与国之间或者本国与外族之间的交往关系。孟子言下之意是,滕文公须在"走"与"守"之间抉择。孟子提到的古公亶父决定率民迁移一事,即为《诗经·大雅·绵》所说周初大业的前身。

孟子提到三样高价值的物品——"皮币""犬马"和"珠玉"——皆被用作贿赂夷狄以求和平的"赠品",其意义与韦伯所说作为货币前身的"礼品"本质上相同。周朝先辈与夷狄的交换活动显然属于跨境交换,因为双方属于不同的政治治理单位,它们的经济生活方式和文化亦有显著差别,尽管两者那时都还没有发明各自的货币和货币制度。

尤其值得注意的是孟子提到的"皮币",组词结构上似不同于"犬马"或"珠玉"。"皮币"在两百年后出现在西汉中期司马迁的著作中。《史记·平准书》写道:"是时(汉武帝元狩四年,即公元前 119 年),禁苑有白鹿而少府多银锡,乃以白鹿皮方尺,缘以藻缋,为皮币,直四十万。王侯、宗室,朝觐聘享必以皮币荐璧,然后得行。"此事亦为《汉书·食货志》和《资治通鉴》(卷十九之汉纪十一)记载,但其重点似都在叙说汉武帝与王侯宗室等"内部关系人"之间的交往,并不涉及官府与普通社会成员之间的关系。

20 世纪英国知名历史学者阿诺德·J. 汤因比(1889—1975年)对汉武帝的举动曾予以称赞:"公元前 119 年,中华帝国政府出色地想出了一个前所未闻的真理——金属不是唯一的可以铸造钱的材料。"① 中国货币史著名学者彭信威(1907—1967年)认为,汉武帝推行的皮币"是中国纸币的滥觞"②。孟子提到的"皮币"、汉武帝下令人工制作的"皮币"以及一千年后宋朝发

---

① 阿诺德·J. 汤因比:《历史研究(下册)》,曹未风等译,上海人民出版社,1964,第 73 页。汤因比多卷本《历史研究》英文原著初版于 1933 年,完整版出版于 1947 年,中译本依其 1956 年英文第六版。

② 彭信威:《中国货币史》,上海人民出版社,2007,第 83 页。该书初版于 1954 年(群联出版社,45 万字),1958 年由上海人民出版社重排发行(字数增至 49 万),1965 年再版(亦为第三版,字数再增至 78 万)。

行的"纸币",虽皆含"币"字,但该汉字的含义和用法在此漫长时期已发生重要变化。早先的"币"泛指赠物或礼品,后来为特定用途并有固定规制的贡品,再后则为社会成员的通用交易媒介。①

上述演化至少在一定程度上支持了韦伯关于"先有对外货币、后有对内货币"的观点。韦伯认为,在人类文明初期,"对内货币"是用于氏族或部落内部成员之间的交换或支付的价值物(一般等价物),"对外货币"则是用作一个集群对外贸易的交易媒介。而且在这两种货币之间,典型路径是先有对外货币,后有对内货币,因为在对内货币产生之前,氏族或部落之间的交换已经通行一般等价物,商人从氏族或部落首领那里得到的安全保障意味着他们可随身携带用于跨境交易的对外货币,并由此"打入"氏族或部落的内部经济。②

海贝是历史上最早的跨境支付工具?

不少中国货币史论著认为中国历史上最早的货币是海贝,

---

① 此处特别参考中国货币博物馆馆长兼中国钱币学会学术委员会主任周卫荣先生的意见,作者深表感谢。
② 韦伯:《经济通史》,第149页。

即产自海洋的贝壳。① 学者们已排除古代出土贝壳为河贝的可能性，因为海贝的质材和形状有别于河贝，海贝比河贝更坚固，色泽更鲜艳，更适合用作装饰品或币材。认为古代中国初始货币是贝壳有三大依据（来源）。一是司马迁的《史记·平准书》。该书记载："虞夏之币，金为三品，或黄，或白，或赤；或钱，或布，或刀，或龟贝。"司马迁或许是将"龟贝"列入早期中国货币（"币"）的第一人，② 在他之后历朝历代的钱币学者无不沿袭此论。二是商周墓葬考古发掘中出土了大量贝件。考古学者断定它们陪葬的主人皆为王公贵族，这无疑证明贝为高价值物品，或者至少是社会富裕人士所喜爱的物品。三是商周青铜器上刻有多条关于贝被用作奖赐的铭文。此外，自东汉《说文解字》首次提及以来，人们发现近 20 个与买卖交换活动相关的汉字皆以"贝"（貝）为偏旁部首，例如财（財）、货（貨）、买（買）、卖（賣）等，这显然表明在汉字形成时期，"贝"与交换活动有密切关系。

潜心于原始货币研究的国外学者也倾向于认为，在中国、朝鲜半岛、日本和东南亚等国家和地区，人们在古代甚至直到

---

① 黄锡全：《先秦货币及其相关问题》，载戴建兵主编《钱币学讲堂集》，河北人民出版社，2021，第 31-51 页（特别参见第 31-38 页）。

② 提及"贝"字并将之与"货"或"赐"等相连的先秦古籍还有《尚书》《周易》《诗经》等（参见王纪洁：《中国古代物质文化史·货币（上）》，开明出版社，2018，第 24-25 页），但司马迁的说法最为明确。

第一章 跨境支付与货币的诞生

近代以前都将海贝作为货币使用,或至少在一定范围内将海贝用作交易媒介或支付工具。海贝的产地有太平洋上的密克罗尼西亚群岛等。①

海贝被当作货币来用,在古代印度(孟加拉)和中世纪以来的马来半岛和中国云南等地区多有发生,但在古代中国(尤其古代中原地区)是否出现过相同情形,近来受到研究者严重质疑。

当代学者的质疑主要针对三个问题。② 第一,如何解读商周铭文的有关话语。以前的解读是,周王赏赐朋贝给王公诸侯,后者将之换为青铜器并镌刻铭文以资纪念,新的解读却是,受赐王公同时收到奖品朋贝和安排制作铭文。按照新解读,朋贝与青铜器为并列关系,两者之间不存在交换关系。第二,关于朋贝是否用作计价单位。过去的一个见解是,"朋"是一个计数词,朋贝的含义就是以贝为最小计价单位。但是,如前提及,贝壳在古代中国中原地区为稀缺之物,在供给不足的时候其价值偏高,若充当计价单位则不能很好地适用于价值偏低的普通

---

① A. Hingston Quiggin, *A Survey of Primitive Money: The Beginnings of Currency* (London and New York: Routledge, 2018) (1st edition in 1949), pp.25–35 and pp.220–251.

② 有关质疑的综述见杨斌著译:《海贝与贝币:鲜为人知的全球史》,社会科学文献出版社,2021,第六章"并非货币:先秦中国的海贝",第232–308页;中国钱币学会货币史委员会:《货币起源问题座谈会纪要》,《中国钱币》2001年第4期,第30–36页;Li Yung-ti(李永迪), "On the Function of Cowries in Shang and Western Zhou China," *Journal of East Asian Archaeology* 5, no.1 (Jan. 2003): 1–26.

物品。也就是说，随着社会经济的商品化和货币化，"贝币"的局限性会愈发明显。第三，人们从历史文献和考古发现中未见到先秦时期中国社会将贝用作交易媒介的具体证据。从商末到西周中期（公元前 12 世纪至公元前 9 世纪），贝的主要用途是王室对诸侯贵族的赏赐，带有极强的政治宣示色彩，且当册命制度规范后，赐贝行为日渐消失。① 如前所述，即便在商周时期贝被用作支付工具，也不必然意味着其在彼时亦为交易媒介，因而不能轻言其已成为货币。

21 世纪新研究成果的重要贡献或许并不在于提出了对古代中国早期货币材质的质疑，而是基于大量国内外考古和文献材料提出如下三个"新"事实或推论。

第一，先秦中国社会中流行的贝并非产自渤海或黄海沿岸，亦非产自南海或太平洋岛屿，而是很有可能来自印度洋上的马尔代夫。支持此看法的重要依据，一是商周墓葬出土的贝壳物件在大小和质地等特性上接近于马尔代夫贝壳，二是在中国长江流域及华南地区出土的商周时期墓葬或其他出土文物中未见类似贝壳。后一点的含义是，商周时期黄河流域的贝壳若来自南海或太平洋，那么，这些贝壳抵达中国大陆后的行走路线就

---

① 刘源：《商末至西周早期赐贝研究：兼论册命制度的历史渊源》，《历史研究》2022 年第 5 期，第 48-71 页。

是由南向北，该线路的南部地区也应当留下相同物品的遗迹或痕迹并被后人所发现。但是，迄今为止尚未有此发现。①

第二，自远古以来，马尔代夫海贝是全球各地用贝的主要供给来源。远古时期，印度洋周边各地人民已知道马尔代夫海贝，马尔代夫群岛亦从远古时期便有人居住。世界各地的人们对马尔代夫海贝的喜爱、采集和运送等"古已有之"。中世纪著名的旅行家伊本·白图泰（1304—1377年）和元朝时期中国航海旅行家汪大渊（生于1311年）都去过马尔代夫。汪大渊到达时间是1330年冬，在该地逗留了至少两个月。白图泰第一次抵达时间是1343年初，居住一年半后离开，两年半后再次前往。在第一次访问期间，他被委任为当地法官并依伊斯兰风俗娶妻四位，第二次访问的目的就是探望他离开后出生的小孩。② 汪大渊和白图泰分别著书详细记述了他们在马尔代夫以及周边地区的见闻，都提及了该地繁荣的国际贸易。很明显，在他们之前，人们早已熟知马尔代夫的地理位置和海贝特产，正是因其特殊的地产和贸易的重要性才吸引了像汪大渊和白图泰那样的跨境旅行家。

---

① 杨斌著译：《海贝与贝币：鲜为人知的全球史》，第241页。
② 同上书，第46页。《白图泰游记》称马尔代夫为"兹贝·麦赫勒岛"，白图泰在抵达当地前就听说该群岛出产鱼干且大量运销印度、中国和也门；白图泰亲见当地人以海贝为货币（计价单位和交易媒介），但他总是以金币第纳尔来表示当地物价，参见伊本·白图泰：《伊本·白图泰游记》，马金鹏译，华文出版社，2015（再版），第362页及此后多页。

第三，在商周或更早的时期，海贝从马尔代夫运至中国中原地区的路线极有可能是一条北方路线，即印度洋→阿拉伯半岛（红海与波斯湾）→西亚→中亚→中国西部（西北部）→中国中原地区。过去的文献常说是始自马尔代夫的南方路线，即印度洋→孟加拉国（或缅甸）→云南→中国中原地区，或者印度洋→马来半岛→泰国（暹罗）→云南→中国中原地区，或者印度洋→马来半岛→越南（安南）→中国华南地区→中国中原地区。以历史眼光看，上述"北方路线"出现于新石器时代至青铜时代（中国西周时期），而"南方路线"则迟在10世纪或11世纪（中世纪中期）才出现并延续至20世纪。世界范围内的考古发现和文献资料已对新石器时代以来的"北方路线"提供了支持。①

上述三点新看法意义重大，尤其对我们认识自古以来人类的跨境支付发展历程具有几个重要启示。

首先，在人类文明的早期阶段，即新石器时代晚期和青铜时代，也即定居农业和文明兴起时期，约公元前5000年至公元前1000年，远距离的跨境交往和跨境支付活动便已出现，并且

---

① 明确提出马尔代夫海贝经北方路线而传播的学术成果是彭柯、朱岩石：《中国古代所用海贝来源新探》，载《考古学集刊》第12集，中国大百科全书出版社，1999，第119-147页；亦参见杨斌著译《海贝与贝币：鲜为人知的全球史》，第241-242页。

沿着大致固定的路线持续了数百年甚至上千年时间。很多中国古典文献将中原地区周边的游牧部族或半开化部族贬称为"夷蛮戎狄"（分别指东南西北的未开化部族），其实这不完全符合彼时中原地区人民与邻近地区人民之间的实际关系，应属后人添加，而且带有部族歧视色彩。"夷蛮戎狄"地区显然不是马尔代夫海贝的原产地，最多仅为"中转地带"。如果中原地区的汉族与"夷蛮戎狄"没有持续数百年的和平相处关系，马尔代夫海贝便不会大规模地出现在中原地区。再者，青铜时代中原地区尚未出现现代意义上的大型宗教，因此可以推论说，中原地区与周边地区早先的交往和交换既非胁迫性的，亦非宗教性的。有鉴于此，或可认为青铜时代中原地区与周边地区之间的交往和交换多出于友好往来和经济互利的目的。尽管我们对海贝在新石器时代晚期和青铜时代从印度洋转运至中国中原地区的细节知之甚少，但可以肯定的是，在人类氏族和部落体制形成之初，跨境交换活动便开始了。简言之，跨境交换与人类文明始终相伴。

其次，马尔代夫海贝为北方线路沿线各个氏族和部落以及后来的各个部族和民族所共同喜爱，在一定程度上担当了彼时的跨境支付工具。前引学术研究新成果表明，马尔代夫海贝从印度洋至东亚的黄河流域，距离数千千米甚至上万千米，它们沿途经过一个又一个的部族和人口聚集区，显然获得了沿线各地人群的共同认可。由此而论,海贝或许真就是人类历史上的第一个跨境支付工具。① 当然,不能认为海贝那时就成了国际货币,因为那时的跨境贸易(国际贸易)尚在萌芽状态。青铜时代的跨境交换明显有着不稳定、不连续和规模偏小的特点,而货币通常只出现在交换不断重复、交换物品相对稳定而且交换具有显著规模的条件下。

最后,如前所述,从海贝在商周时期中原地区用作赏赐工具的情形来看,其在一定程度上支持了韦伯"先有对外货币、后有对内货币"的看法。海贝在商周为外来物,却在国内支付中发挥了重要作用,此明显是一个由外而内的过程或经历了先外后内的变化。

总之,距今3000年以前,来自万里之外的海贝一度流行于中国中原地区,成了早期中国社会中的高价值物品,表明在人类文明发展的早期阶段就出现了跨境交往和交换,具有货币特性的一些特殊价值物不仅在一定程度上充当了跨境支付工具,而且渗入了当地社会的内部,成为当地社会经济中接近于货币的支付工具。

---

① 前引杨斌著译《海贝与贝币:鲜为人知的全球史》提出"贝币是第一种全球货币",时间起点约为公元1000年,分布范围为南亚次大陆(覆盖今天印度和孟加拉国等的"孟加拉体系")、中国云南、东南亚、西非、太平洋诸岛和北美,主要用途为地方交易媒介,非跨境支付工具(全书各章及第十章"贝币世界")。

第一章 跨境支付与货币的诞生

春秋战国时期的跨境支付

春秋战国（公元前770—公元前221年）是中国历史上的一个重要时期。至公元前256年周赧王病故，各地诸侯表面上同属一个天朝，实际上则各行其是，在治理事务上完全架空幽居京城的周天子。各诸侯国在边界口岸设有检查站，对过往货物和人员实行检验后放行的制度。① 在这样的体制框架中，春秋战国时期涉及中国的跨境交换和支付有两个层次，一是各诸侯国与周边部族的交往，二是各诸侯国相互间的交往。后一个层次可视为"准国际贸易"，也应被纳入关于跨境支付历史发展的考察。

前面提到，商周时期海贝在中国中原地区十分流行，甚至有可能发挥了接近货币的功能。无论实际情况究竟如何，可以肯定的是，商周时期至春秋战国时期是中国社会告别物物交换并开始转向铸币的时期。一些学者将未经打造但充当交易媒介的自然物（如海贝和鱼干等）称为"原始货币"（primitive money），并认为此阶段是物物交换制度过渡到铸币制度的一个

---

① 蔡渭洲：《中国海关简史》，中国展望出版社，1989，第3—4页；朝仓弘教：《世界海关和关税史》，吕博等译，中国海关出版社，2006，第67—71页。

转折时期。① 从现代观点看，原始货币的出现具有自发性和模糊性，而且由于许多原始货币同时流行于部族内部和外部，人们因此不容易区分原始货币的"对外货币"和"对内货币"属性。然而，铸币出现后，人们可借此清楚地看出"货币区"的地理范围，"对内货币"与"对外货币"的划分也就日益清楚。

货币在古代中国的诞生离不开平民阶层的兴起和成长，而这极有可能是在春秋战国时期，尤其始自春秋末期和战国早期（公元前6世纪至公元前5世纪）。"春秋之前，普天之下皆为封国。对大大小小的封国而言，下对上，贡献；上对下，赏赐；平等的诸侯国之间，则为礼尚往来……春秋之后，随着诸侯间倾轧与兼并战争的增多，自由平民阶层逐渐形成，依靠自我劳动为生的自由民，不得不通过商品交换来出售有余，买进不足。市场就是这么形成的，货币也是在此基础上产生的。"② 中原地区众多遗址出土文物已表明，春秋战国时期许多诸侯国分别铸造和使用了形似钱币的流通物，包括多种多样的空首布和刀币。③ 从

---

① Quiggin, *A Survey of Primitive Money: The Beginnings of Currency*, p.ix. 有当代研究者对"原始货币"提出严厉批评，认为该概念"基于文化上的偏见"，主要反映了社会精英阶层的观念。在精英阶层看来，金银铸币是"高级通货"，故适合小额零星交易的贝币一类属"原始货币"（杨斌著译《海贝与贝币》，第461页）。

② 杨君、周卫荣：《中国历史货币》，科学出版社，2022，第5页。

③ 中国考古专家在河南一遗址发现公元前640—公元前550年运行的铸币工坊，而且认为此为"世界上已知最古老的、年代确定有把握的铸币场所"。已见国外媒体对此报道（参见《参考消息》2021年8月9日第11版）。

文物出土地点来看，耸肩尖足空首布主要流行于春秋时期的晋国及其后继国之一的赵国，平肩弧足空首布则流行于京师洛阳及周围，还有多种平首布流行于战国时期的韩、赵、魏、燕、楚等国。① 虽然人们现在并不清楚究竟是谁（何诸侯国的何位诸侯王或行政首领）在何年份铸造了多种类型的布刀钱，也没有文献资料可以确定这些布刀钱的价值比例以及它们在社会经济生活中的具体运用（例如某物的卖价或某个工人一天劳动的报酬是多少布刀钱），但可以肯定的是，在春秋战国时期，中原及其周围地区的不同地方同时流行着一些类型不同的货币或流通物，"货币区"的概念正处于萌芽和生长的状态。货币的出现显然有利于国内交易和支付，但如果相邻地区或国家使用不同类型的货币，它们之间的跨境贸易和支付便会面临新的问题。

春秋战国时期很可能是农业生产活动开始显著变化的时期，部分地方始用铁制农具。在使用简陋农具的条件下，整齐划一的集体劳动在种植农业活动中或为必要，但在农具改进和劳动生产率提高后，家庭生产方式（常言"男耕女织"）在经济上成为可能。分散化的农业生产和产出水平的增长给人们的需求带来一些重要的新变化，社会成员不仅增加了对奢侈品的需求，而且出现了通过交换获得生活和生产必需品的需求。生活必需

---

① 王纪洁：《中国古代物质文化史·货币（上）》，第41-49页。

品肯定包括盐在内（部分年份一些地区的生活必需品还包括粮食在内，参见后述）。《史记·货殖列传》记载，山东（齐国）是主要盐产地，该地产盐可供应中原地区的其他诸侯国，有商人通过贩盐而发大财。不用说，生产必需品还包括农具或制作农具的材料。《史记·货殖列传》提到铜铁产自山区，而这意味着位于中原（平原）地区的诸侯国只能通过与拥有崇山峻岭的诸侯国进行贸易才能得到铜铁。简言之，农业劳动生产率的提高意味着远程贸易、国际贸易和跨境支付需求的增长。

春秋战国时期，一方面，各诸侯国对跨境交换的需求在不断增长；另一方面，它们日益分化为不同的"货币区"，而这就形成了一对矛盾，意味着货物在穿越不同的"货币区"时必须解决跨境支付问题。理论上，在存在不同"货币区"的条件下，跨境交换中的支付问题可通过货币兑换来解决，如同当代世界的外汇兑换一样。但是，同样清楚的是，货币兑换必须依据一定的兑换比率（汇率），而兑换比率原则上只能建立在外汇市场得到相应发展的基础上。没有外汇市场，兑换比率就容易偏离其正常的均衡价值水平。当兑换比率偏离其合理水平时，交易一方的利益必然受到损害，交换活动便不可能持续进行下去。目前未见现存先秦文献提及春秋战国时期不同币种之间的兑换问题，但这并不必然意味着先秦诸子认为该问题不重要甚至不存在（不排除个中缘由是谈论兑换问题的论著早已失传致后人无从知晓）。事实上，该问题在春秋战国时期（尤其是战国时期）的解决之道很可能是某种"国际货币"的出现和使用。

一条看似孤立的文献材料提示，战国时期的跨境贸易已使用黄金作为交易媒介。①《商君书·去强》说："金一两生于竟内，粟十二石死于竟外；粟十二石生于竟内，金一两死于竟外。"这里，"竟"通"境"。这段话的意思是，境内一两黄金可换来境外十二石粮食；境内十二石粮食可换来境外一两黄金。②商鞅（公元前390—公元前338年）此处论证的主题是金价与粮价的对立关系，意思是在国外金价升高而国内粮价走低的时候，粮食会从本国流向外国（商人将粮食卖到国外以获得黄金），粮食流出国的人民便会食不果腹且兵丁瘦弱（此处明显是牵强附会的推理）。商鞅主张，为了强国，国家应该同时拥有充足的粮食和黄金，两者皆不应仰仗于国外供给。商鞅的话大都讲给秦王听，姑且不论是否为合理推论，但可认为他所举出的事例是当时发生在某些诸侯国的实际情形。据此而言，战国时

---

① 关于先秦时期金价与粮价的关系，其实并非仅见于《商君书》。《管子·权修》提及"金与粟争贵"；《管子·轻重下》提及"粟重黄金轻，黄金重而粟轻，两者不衡立"。这些话语表明，金与粮食的交换在彼时中国绝不是罕见之事（当然也应注意到，不少学者认为《管子》的诸多篇章实为西汉作品）。

② 高亨：《商君书注释》，中华书局，1974，第49页；叶世昌：《中国货币理论史（上册）》，中国金融出版社，1986，第6页。

期诸侯国之间的大宗贸易使用过黄金作为支付手段或交易媒介（不排除使用过其他支付工具）。

先秦中国多个地区（诸侯国）出现过不同类型的铸币或类铸币，其流通的地理范围互不相同，此已为许多研究者所关注。[1] 国外研究者在参考国内学术成果的基础上，甚至认为中国在春秋战国时期已出现"四大货币流通区"，分别是齐、秦、晋（魏为其主要继承者）和楚；认为战国时期的楚国"货币体系"最为完备，已发展出一套"不同类型货币进行价值转换的货币价值抽象单位"；还认为楚国铸金被别国所使用（齐和秦），在某种程度上成了当时的"国际货币"。[2] 这些说法不一定完全成立，显然值得研究者进一步细究。

公元前221年，秦灭六国，诸侯国之间早先的跨境贸易和支付不复存在，它们皆被"内部化"，成为中央政府所主导的全国交换体系的组成部分。黄金、白银等高价值物品作为交易媒介，不仅从国内商业中退出，也很少用于对外贸易（《史记·平准书》提及秦朝"黄金以镒名，为上币"，但似未实际流行）。当"丝绸之路"出现后，跨境支付得到新的发展。

---

[1] 例如陈隆文：《春秋战国货币地理研究》，人民出版社，2006；陈隆文：《先秦货币地理研究》，科学出版社，2008。

[2] 万志英（Richard von Glahn）：《剑桥中国经济史：古代到19世纪》，崔传刚译，中国人民大学出版社，2018，第53页。

第一章 跨境支付与货币的诞生

古代丝绸之路上的跨境支付

现在常说的"丝绸之路"在古代指连接中国中原地区与西域的陆地线路,而"西域"是一个宽泛概念,包括今天中国西部、中亚、南亚乃至地中海周边的广袤地带。在这条线路上行走的知名历史人物包括西汉外交家张骞(公元前164—公元前114年)、唐朝高僧玄奘(602—664年)和中世纪威尼斯商人兼旅行家马可·波罗(1254—1324年)等。[①]作为欧亚大陆东西两端及沿线各地人员往来和货物流动的大通道,古代丝绸之路兴起于汉朝,兴盛于唐朝,并在蒙古帝国时期达到空前繁荣。

如前提及,在汉朝丝绸之路兴起前,古代华夏通过中亚的陆地线路已与西亚地区发生交往,产自马尔代夫的海贝很有可能经由该线路进入中原地区。西晋时期(265—317年)出土的竹简古书(汲冢书)之一《穆天子传》讲述了西周第五代君主在公元前1000年左右率众西行,携大量丝绸、布帛和青铜制品与沿途各族人士交换玉石、马匹等。此虽非信史,但或可认为

---

① 张骞作为汉朝高官出使西域时携带大量财物,而玄奘作为高僧在西行时得到了包括高昌国王在内的沿路诸侯王公的资助和通行便利(石见清裕:《唐代的国际关系》,中西书局,2019,第46—49页),两者与马可·波罗的商业性东方行所涉及的跨境支付问题迥然不同。

该作品与讲述内容的关系犹如明朝《西游记》(虚构作品）与唐朝玄奘西行（实事）的关系。①极有可能的是，在华夏文明兴起之初，中外文化和经济交流已达到很高水平。

汉武帝派遣张骞出使西域虽为政治和外交举措，但却产生了重要的经济影响。汉朝与罗马是当时世界的两大帝国，两者相距数千千米，中间地带即是广义上的"西域"（对汉朝而言）。此时期罗马社会知晓了东方丝绸产品，出现了热烈追捧的风潮，丝绸成了罗马社会人见人爱的奢侈品。公元 2 世纪是罗马帝国的鼎盛时期，经济货币化已有相当发展。不难想象此时期出现过罗马钱币追逐丝绸等外来奢侈品的现象。这意味着，币与物的交换在古代丝绸之路上开始活跃起来。中国境内遗迹曾发现过罗马钱币，②尽管尚不能据此断定汉朝时期罗马商人已与中国

---

① 穆天子传说为一些国内著作所提及（夏秀瑞、孙玉琴：《中国对外贸易史（第一册）》，对外经济贸易大学出版社，2001，第 1 页；丁长清等：《中外经济关系史纲要》，科学出版社，2003，第 17 页），亦为国外研究者所注意。曾有国外研究者将穆天子与古代波斯国王的事迹联系，但此说似证据不足；更多的研究者倾向于认为公元前 2000 年至公元前 1000 年中国中原地区与西亚发生往来（裕尔：《东域记程录丛》，张绪山译，中华书局，2008，第 7-9 页）；还有历史学者认为殷商中国与中东的安纳托利亚似乎不大可能同时发明两轮马车（塞缪尔·E. 芬纳：《统治史（卷一）：古代的王权和帝国——从苏美尔到罗马》，马百亮、王震译，华东师范大学出版社，2010，第 292 页）。

② 中国境内发现的罗马钱币多为拜占庭帝国（东罗马帝国）金币索利德斯（solidus），而非西罗马帝国金币奥留（aureus）。参见张忠山主编《中国丝绸之路货币》，兰州大学出版社，1999，第 43 页。

商人直接发生了交换和贸易。①在罗马与长安之间的中亚和西亚广袤中间地带,存在经济文化发展程度相差悬殊的众多列国和部族。

《史记》和《汉书》提到,西域的 51 个列国或部族,其中 21 个拥兵过千,但仅有 3 个铸造钱币。这 3 个是罽宾("以金银为钱")、乌戈山离国("其钱独文为人头,幕为骑马,以金银饰杖")和安息国("亦以银为钱")。②张骞出使西域时,"将三百人,马各二匹,牛羊以万数,赍金币帛直数千巨万"(《史记·大宛列传》)。但在张骞之后的中西交往过程中,"北道酒泉抵大夏,使者既多,而外国益厌汉币,不贵其物"(《史记·大宛列传》)。"不贵其物"或可理解为汉朝官方对外大量馈赠后外方不再稀罕中原货物,"益厌汉币"则可解读为中外钱币文化的差别及其后果。考古发现显示,张骞出使西域前后(公元 1 世

---

① 范晔《后汉书·西域传》提及"大秦"(汉朝对西罗马帝国的称呼)派遣使者携带"象牙和犀牛角"入华联谊,而后人认为此类物品显然不是罗马帝国特产,罗马与汉朝究竟发生过怎样的直接接触尚待进一步考证。罗马帝国周边以及南印度海岸出土的大量罗马钱币,被认为是罗马与他国他地发生直接商业往来的证据,而这种证据尚未在中国境内出现(芮乐伟·韩森:《丝绸之路新史》,张湛译,北京联合出版公司,2015,第 20 页及脚注 2 和第 24 页)。

② 班固《汉书》,卷九十六上,西域传第六十六上。据当代学者考证,罽宾很可能位于今天的克什米尔,乌戈山离国很可能是今天阿富汗西北名城赫拉特,安息国则很可能是帕提亚(波斯萨珊王朝的前身),参见 Helen Wang, *Money on the Silk Road: The Evidence from Eastern Central Asia to c.AD 800* (London: British Museum Press, 2004), p.xii.

纪至 3 世纪），当地个别地方始铸钱币，钱币大小和重量与汉朝五铢钱相近，全为实体，内无方孔，采用希腊风格的打压法而不是中原风格的浇注法制作。让后人颇感兴趣的是，此种钱币正面包含汉文和佉卢文两种文字，后者为一种古印度文。国内学者据此称之为"汉佉二体钱"（旧称"和田马钱"）。[①]此情况表明，在钱币铸造和使用上，当时的"西域"（今天中国新疆西部地区和中亚东部地区）同时受到中国中原文化和地中海文化的影响；同时，正是因为当地接受了地中海铸币文化的影响，中国中原地区的铸币（汉朝五铢钱以及后来的唐朝开元通宝等）便止步于此，未再远行。

如果要追究此种情况国内方面的原因，可以认为症结在于当时的朝廷一直奉行"混合支付"政策，即在使用钱币的同时大量使用实物和劳役形式的支付方式。汉唐两朝的税收体系皆以实物税为主（唐朝的"租庸调"和"两税法"皆含有货币税成分，但不占主导地位），其在边疆地区的经济和支付活动基本上也反映了在国内（中原地区）的做法。当代研究者从新疆楼兰和甘肃敦煌等地发掘出的古文献看到，来自中亚的粟特人于 330 年向西域驻军一次交付 1 万石（1 石约合 20 升）物品（很可能是粮食）和 200 文钱，另一记载说他们支付 319 头牲口换

---

① 黄志田主编《丝绸之路货币研究》，新疆人民出版社，2010，第 21 页。

得 4 326 匹彩绢。① 8 世纪时，唐朝在龟兹驻军用 1 200 斤铁或 1 000 尺布向附近牧民买马。② 汉唐在边疆地区的驻军和行政机关显然沿用内地的交换和支付习惯，使用钱币只是他们整个经济和贸易活动中的一小部分。

波斯皇帝大流士一世（公元前 550—公元前 486 年）入侵小亚细亚后开始铸币，金币称为"达里克"（Daric，显然为彰显大流士之名），银币称为"西格劳斯"（Siglos，此为波斯语的谢克尔/舍客勒，即青铜时代流行于中东和两河流域的重量单位）。依照金银币的兑换比率并按各自成色折算，金银比价为 1∶13.1，此亦为当时流行于小亚细亚的市场汇价，③ 也可能是世界历史上迄今为止已知最早的金银比价。历史学家说，大流士将许多波斯金币用于收买希腊政要，以便在希波战争中取得胜利。④ 虽然大流士生前未能如愿战胜以雅典为首的希腊联盟，但在 50 年后爆发的伯罗奔尼撒战争中，此前从未铸币的斯巴达为击败富裕的雅典，接受了波斯国王的大量金钱援助，最终战

---

① 韩森：《丝绸之路新史》，第 53 页。
② 同上书，第 101 页。
③ A.T. 奥姆斯特德：《波斯帝国史》，李铁匠、顾国梅译，上海三联书店，2017，第 233 页。
④ 同上书，第 234 页。

胜雅典。① 在大流士之前，波斯帝国通行物物交换和实物报酬制度，而在他的综合改革和钱币铸造之后，政府对商业的征税随之货币化。加之度量衡和计价单位的统一（标准化），波斯境内的商业活动开始普遍使用货币媒介。② 此外，波斯帝国给士兵发放钱币军饷，并从希腊学会了招募和使用雇佣兵。此后在西亚以及欧洲两千多年的历史中，货币化军饷成了主流。③

可以认为，至少在汉唐时期，随着陆上丝绸之路的兴起，中外在跨境支付工具的使用上出现了明显的分流趋势，前者一直坚持实物为主、钱币为辅，后者陆续转向货币为主、实物为辅。汉唐钱币不是陆上丝绸之路的主要跨境支付工具，或者说，丝绸、布帛、生漆一类物品作为跨境支付工具的作用甚至大于本土铸造的钱币，丝绸或可说是中世纪的马尔代夫海贝。

有两个与丝绸之路跨境支付密切相关的问题需要特别说明。一是，虽然汉唐钱币没有成为丝绸之路的流行跨境支付工具，但这不意味着古代中国钱币对周边地区没有产生显著影响。事实上，汉唐以来，古代中国钱币在周边多个方向都产生了重要

---

① 凯瑟琳·伊格尔顿、乔纳森·威廉姆斯：《钱的历史》，徐剑译，中央编译出版社，2011，第37页。
② 奥姆斯特德：《波斯帝国史》，第234-236页。
③ 一位长期研究丝绸之路和中西文化交流的法国学者说："西方的习惯与中国不同，从不用几袋大米或几匹绸缎来支付官吏们的薪水俸禄。"（布尔努瓦：《丝绸之路》，耿昇译，中国藏学出版社，2016，第166页）

的国际影响,并在一定程度上形成了东亚地区的"中式钱币文化圈"。但"中式钱币文化圈"不等于古代中国钱币成了中国与周边邻国的跨境支付工具或者进入邻国成为当地的国内交易媒介。① 二是,自隋唐(或许更早时期)以来,来自境外的贸易商人给中原地区带来了外国铸造银币,银在中国境内作为支付工具和交易媒介的情况逐渐增加。有学者认为,"白银货币化源于丝路贸易"②,当然,此处"丝路"还包括"海上丝绸之路",即经由南海、马六甲海峡和印度洋而发生的中外经济文化交往,此自唐中期一直延续至宋元。也就是说,隋唐至宋元的中外交往在一定程度上影响了昔时中国国内货币制度的演变。

很明显,在汉唐至元一千多年中,从西亚到中亚以及从中亚到中国西部的漫长陆上丝绸之路上,由于列国和部族众多以及一些政权频繁变更等缘故,不存在统一的跨境支付工具或交易媒介。拜占庭金币、萨珊王朝银币、中国铜钱和诸多中亚王国铜钱,以及包括丝绸在内的多种实物,都在一定地域范围和不同时期中用于跨境支付和交易,但难有一种能够长久持续并

---

① 有文献表明,14世纪后在文莱和印度尼西亚等地出现了宋明风格的铸币,但它们为当地人铸造;16世纪葡萄牙人前往这些地区,亦为迎合当地人习惯而铸造中式风格的钱币(黑田明伸:《货币制度的世界史:解读"非对称性"》,何平译,中国人民大学出版社,2007,第130页)。

② 周卫荣:《丝路贸易与中国古代白银货币》,《中国钱币》2017年第2期,第3-8页。

被众多王国普遍接受。①

19世纪中叶,一位俄罗斯军事探险家深入中亚腹地并收集该地区的经济和市场信息。在今天哈萨克斯坦和吉尔吉斯斯坦境内,那时的当地人每年夏季和冬季举办大型集市(aul),招徕来自今天中国新疆喀什、伊宁和塔城的大篷车商队。人们以钱计价(tanga),但常以绵羊和羔羊作为交易媒介。②

在南洋,清初以来,暹罗(泰王国)加入"朝贡贸易圈"。暹罗每隔两年派出大型"朝贡"商队③,携带包括大米在内的大量货物,返程时亦从中国带走大量货物。按照清廷规定,国外朝贡货物分为两类,一类送京城交予官府,另一类可在中国境内与百姓交易。前类交换纯为以货易货,后类交换间或以钱币银两等作为媒介。康熙六十一年(1722年),福建、广东和宁

---

① 截至21世纪初,中国境内已出土约1 300枚萨珊王朝时期(224—651年)的波斯银币(Wang, *Money on the Silk Road*, pp.34-36;韩森:《丝绸之路新史》,第122页)。

② Wang, *Money on the Silk Road*, p.115. 该书引述的俄罗斯人名叫Chokan Valikhanov(1835—1865年),生前为陆军上尉。马克思在1857年发表了一篇谈论中俄贸易的时评文章,说中俄陆地贸易的商会一年举办一次,实行以货易货(马克思:《俄国的对华贸易》,载中共中央马恩列斯著作编译局编《马克思恩格斯论中国》,人民出版社,1997,第43页)。

③ 依费正清与其合作者的统计,在1789—1850年的62年中,暹罗派访31次,多于越南的19次,但少于朝鲜的62次(转引自滨下武志:《资本的旅行:华侨、侨汇与中华网》,王珍珍译,社会科学文献出版社,2021,表2-1,第88-89页)。

波发生粮食歉收,朝廷闻暹罗米价低("每石价值二三钱"),拟往三地各运米十万石,"每石给价五钱"。① 这似乎意味着铜钱当时充当了跨境支付工具。其实不然,此与前述中亚事例相似,钱仅为计价单位,因为朝贡贸易以实物为主。嘉庆时期(1795—1820年),朝贡贸易实际上大大"民间化"了。手持暹罗国王诏书前来"朝贡"的"泰商"(暹罗"官商")实为出生于闽粤一带的华人,他们在抵达口岸后会按海关要求缴纳税银,出售所带货物后采购中国土产并携带返回。② 铸钱或金银条块在这些贸易活动中似未显著发挥跨境支付工具的作用。

客观地说,从汉唐到明清,在陆上和海上丝绸之路上活跃的商人多为境外人士。从公元4世纪前后开始,前已提及的粟特人(今天乌兹别克斯坦人的先辈)活跃于中亚河中地区及其周围,他们往东行至隋唐都城长安以及今天新疆的吐鲁番和甘肃的河西走廊,往西行至波斯帝国和拜占庭帝国的边疆,往南行至中国西藏地区以及阿富汗和印度等。③ 在某种程度上,粟

---

① 引语皆为清官方用词,参见姚贤镐编《中国近代对外贸易史资料 1840—1895(第一册)》,中华书局,1962,第 47 页。

② 同上书,第 51 页。日本学者滨下武志有专文论述"朝贡体系下的商业移民",特以在泰华人为例(滨下武志:《资本的旅行:华侨、侨汇与中华网》,第四章)。

③ 粟特人与西藏(吐蕃)的密切往来约始于8世纪,持续至少2个世纪(张云:《吐蕃丝绸之路》,江苏人民出版社,2017,第 238-241 页)。

特人在中世纪中亚地区的大量迁移和贩运活动多少类似于古代腓尼基人在地中海周边的作为，两者都将商业和服务业当主业，他们既能快速本地化，又拥有一个承载跨境信息传播的国际网络。① 隋唐时期，很可能是粟特商人在将拜占庭金币和萨珊银币带到中国境内的同时又将中原货物贩运至东欧和西亚。粟特人在中世纪中亚及其周边地区明显地发挥了商业民族的作用，借助大国发行的贵金属货币从事远距离跨境贸易，为陆上丝绸之路持续数百年的发展做出了重要贡献。

走出国门的金银铸币

铸币的发明促进了钱币使用的普及和推广，但在一定的国际政治关系条件下，钱币铸造又可能成为妨碍跨境支付的一个因素。这是因为，所有铸币都带有"国民性"或"国别性"，它们是主权政府的象征。除非万不得已，他国主权政府通常不会主动允许本国国民接受和使用外来铸币。汤因比曾说："货币的发明，无疑有利于发行货币的政府的臣民，尽管它给社会带来

---

① 韩森：《丝绸之路新史》，第125-127页；布尔努瓦：《丝绸之路》，第138-140页；粟特人在中亚和中国西域及中原地区的活跃时期约自4世纪至8世纪中叶，参见魏义天：《泛亚洲贸易或丝绸之路的解构（古代、中世纪时期）》，载拉里·尼尔、杰弗里·G.威廉姆森主编《剑桥资本主义史》第一卷（资本主义的兴起：从远古到1848年），李酣译，中国人民大学出版社，2022，第129-130页。

了通货膨胀和通货紧缩的有害波动和高息借贷的诱惑。但获得更大利益的当然还是发行货币的政府本身;因为发行货币是一种'宣示的行为',它是政府至少同活跃的、聪明的而又有势力的少数臣民发生直接而又经常的接触;因而货币的发行,不仅自动地提高了政府的威信,而且给政府以自我宣扬的最好机会。"①

从秦汉到明清,历届朝廷都高度重视铜钱铸造和发行。朝廷的作为显然不是为了从中获取铸币税(铸币面额与铸币成本之间的价差)。相比金银铸币,铜钱价值偏低,政府从事铜钱铸造和发行不仅每每无利可图,而且时常面临亏损。古代中国中央政府在铜钱事务上呕心沥血的作为,可理解为一是为了社会经济("小农经济")的稳定,二是为了政府的声誉(此点十分接近于汤因比的看法)。如前所述,铜钱因其价值偏低和国别特性,不适于用作跨境支付工具,尤其不适用于长距离的大宗国际贸易。宋朝一匹马值50贯铜钱,其重250千克,②若以钱换马,本地市场的买者和卖者即有诸多不便,遑论远程马匹贸易。

不仅是铜钱铸币不适用于跨境支付,金银铸币用在跨境支

---

① 阿诺德·J. 汤因比:《历史研究(下册)》,曹未风等译,上海人民出版社,1964,第74页。

② 汪圣铎:《中国钱币史话》,中华书局,2004,第170页。

付中也有显著的局限性。与古代中国长期盛行的铜钱一样,欧洲和地中海周边历史上流行的各种金银铸币无不印刻有鲜明的民族特征,它们都是各自发行者(民族国家及其主权政府)的外宣名片,与现代世界各国印制的纸钞毫无二致。在正常状态下,主权政府不欢迎任何外来金银铸币或纸钞,除非它们在入境口岸都兑换为本币或者被送进熔炉(就金银铸币而言)。

马克思在《资本论》中就各国铸币与世界市场的关系发表过一段精彩评论,"金银作为铸币穿着不同的国家制服,但它们在世界市场上又脱掉这些制服"[1],意思是金银铸币若在世界市场上作为跨境支付工具来使用,它们必须"脱掉"原来的国民制服,仅作为称重的贵金属与其他贵金属以及货物进行交换。马克思还表达过,金币是国内流通物(国内支付工具或国内货币),而金块才是国际流通物(跨境支付工具或世界货币);金币"离开造币厂的道路,同时就是通向熔炉的道路"。[2]

尽管上述说法为许多史实所支持,但是,从古代到现代,一些相反的事例不时出现,古希腊的4德拉克马(tetradrachma)银币、近代的奥地利银币和墨西哥银币以及不列颠金币(金镑)都先后在一定范围和不同时期充当过跨境支付工具。这些事例

---

[1] 马克思:《资本论》第一卷,《马克思恩格斯全集》第二十三卷,人民出版社,1972,第144页。

[2] 同上书,第144-145页。

告诉人们,在一定条件下,国别铸币也可走出国门,发挥跨境支付工具的作用。

依照古希腊历史作家希罗多德的看法,地中海地区的最早铸币者是小亚细亚地区的吕底亚王国,其在公元前 7 世纪就开始铸造金币。当代考古没有发现带有吕底亚王国特征的铸币文物,但在该地址及其附近地区出土有琥珀金(electrum)钱币,此为地中海地区最早铸币的实物证据。[①] 在小亚细亚铸币之前,两河流域的苏美尔和古巴比伦文明早已使用银块和谷物作为交易媒介(货币),但在此地长达千年的历史进程中从未铸币(托勒密之前的埃及历朝王国同样如此)。

雅典不是希腊诸城邦中最早的铸币者,却是铸币体系较完备者。雅典所在的阿提卡半岛有一座大型银矿(劳里昂银矿),在伯利克里执政时期(公元前 449—公元前 429 年),一年出产 50—100 塔兰同银(1 塔兰同重约 26.9 千克),用工多达 2 万名奴隶或更多。[②] 雅典银币的基本单位是德拉克马,1 枚德拉克马银币重为 4.25 克。雅典同时铸造了其他面额的银币,即 2 德拉克马银币、4 德拉克马银币、10 德拉克马银币和 30 德拉克马

[①] 伊恩·卡拉代斯:《古希腊货币史》,黄希韦译,法律出版社,2017,第 16-17 页。

[②] Glyn Davis, *A History of Money: From Ancient Times to the Present Day* (Cardiff: University of Wales Press, 2002), p.70. 公元前 407 年斯巴达入侵时,从该银矿释放了 2 万名奴隶(p.77)。

银币。价值低于德拉克马的铸币是奥波尔（obol），1奥波尔等于1/6德拉克马。① 价值高于德拉克马的铸币是斯塔特（stater）金币，1斯塔特等于20德拉克马。奥波尔和斯塔特并非都为雅典铸造，但它们都流通于雅典地区。或许正因为古典时期的雅典社会和经济高度对外开放，国际贸易兴旺发达，众多境外钱币才流入雅典口岸。喜剧作家阿里斯托芬（约公元前446—公元前385年）曾借剧中人之口抱怨假冒伪劣钱币在雅典的流通。这从一个侧面反映雅典社会经济的货币化程度当时已达到很高水平。

在雅典铸造的多个面额银币中，4德拉克马银币最为流行，它不仅流通于雅典城邦内，而且大量用于雅典与其他城邦和殖民地的跨境贸易和支付中。雅典人的殖民地当时已扩张到小亚细亚半岛、西西里岛和意大利半岛等地，在这些地方都有大量雅典4德拉克马银币文物出土。不仅如此，钱币考古研究者还发现，地中海周边的非希腊人在那时也仿制4德拉克马银币。例如，早在公元前4世纪之前，当时还统治西西里岛的迦太基人铸造了刻有本族文字（腓尼基文）的4德拉克马银币。② 迦

---

① 关于钱币的交换价值，文献记载，公元前5世纪雅典陪审团成员每天津贴为3奥波尔（伊格尔顿、威廉姆斯：《钱的历史》，第31页），奴隶矿工一天的报酬为1奥波尔，1把斧头值2德拉克马，1匹马值1 200德拉克马，1栋住房值2 000德拉克马（卡拉代斯：《古希腊货币史》，第133页）。

② 卡拉代斯：《古希腊货币史》，第38页。

太基人是腓尼基人的后裔,他们与其祖先一样热衷航海和贸易,而且显然认为 4 德拉克马银币是最好用的跨境支付工具和交易媒介。

雅典银币(尤其是 4 德拉克马银币)之所以走出国门,主要归功于三个因素。首先,雅典拥有大银矿,每年稳定铸造统一标准的银币,既持续不断地供应市场,又保持银币铸造标准稳定。其次,雅典和希腊当时的周边民族缺少可与雅典铸币(尤其是 4 德拉克马银币)相竞争的支付工具或交易媒介。金币虽然在远距离跨境支付中较银币更加适用,但当时明显存在金币供给不足或价值标准不能保持稳定的问题。最后,4 德拉克马银币在价值上的"适中"特点(价值既不过高也不偏低)或许使得它不仅可发挥跨境支付供给的作用,亦可用于国内交易,发挥地方货币的作用。一般而言,高价值铸币,如金币,在经济发展水平不够高的条件下在充当跨境支付工具的同时也较难充当地方货币。

玛利亚·特蕾莎银币(Marie Theresa Thaler,简称 MTT)是 1741 年开始在奥地利、匈牙利和波西米亚地区铸造的银币,因其正面有玛利亚·特蕾莎女王头像而被称为玛利亚·特蕾莎银币。特蕾莎女王在 1740—1780 年曾统治过上述三地。在女王去世后的一段时间中,奥地利继续铸造该银币,但在 19 世纪中叶以后,尤其在奥地利与匈牙利合并成为奥匈帝国之后,MTT

不再是其境内的法定通货。MTT 铸造权由奥地利当局掌管，其不时授予境内外指定机构代为铸制。

由于该银币成色充足且铸造精美，很快也受到国外人士的喜爱，并广泛用于跨境贸易和境外流通。境外流通范围除了奥地利和匈牙利周边邻国，还有地中海东岸各国，甚至远至非洲中部地区和印度部分地区。英属印度殖民地当局和一度占领埃塞俄比亚的意大利当局也分别铸造过 MTT 并用于当地经济活动。

MTT 不仅流通于境外，而且用作交易币（trade coin），即从事国际贸易的商人将该币当作跨境支付工具。有文献记载，在 20 世纪 20—30 年代，意大利使用 MTT 在非洲订购皮革和咖啡等商品。[1] 在当时的若干交易媒介中，MTT 最受欢迎。由于这个缘故，一些欧洲列强为获取 MTT 铸造权而展开外交竞争。

第二次世界大战（以下简称"二战"）结束后一段时间中，MTT 继续在非洲多地流通，成为当地人民喜爱的交易媒介。但随着各国陆续加入布雷顿森林体系并过渡到信用发行的货币制度，MTT 逐渐被回收，最终于 20 世纪 60 年代退出流通。

墨西哥银圆最早铸造于墨西哥尚处于西班牙殖民统治时期，

---

[1] 黑田明伸：《货币制度的世界史：解读"非对称性"》，第 23 页。

即 1536 年墨西哥城造币厂建立之时。20 世纪初一位美国研究者说:"在墨西哥城造币厂开始发行以来的 50 年间,银比索在美洲南北大陆都有流通,从西印度群岛到太平洋诸多岛屿无处不在。它是在从符拉迪沃斯托克到新加坡的亚洲市场上人们最熟悉的支付工具。它的前身,即墨西哥还是西班牙殖民地时所发行的银币,早在 17 世纪的大部分时间和整个 18 世纪就成了广为流行的通货。"[1] 墨西哥银圆的流通范围,与西班牙殖民帝国很吻合,这使其流通范围(地理面积)超过特蕾莎银币。在西班牙殖民帝国中,墨西哥是最重要的产银地。西班牙殖民者征收货币税,银币是税收支付工具,保持其价值稳定(制造标准不变)对殖民者来说具有重要经济意义。

1565 年,菲律宾沦为西班牙殖民地,此后墨西哥银圆随西班牙殖民者和商人来到了东亚。后来的商人进一步将墨西哥银圆带到了当时还是明朝贸易口岸城市的广州、宁波和厦门。在清朝中晚期,墨西哥银圆大量流入中国境内,成为中国本土交易和对外交易中的支付工具之一。在昔时中国,墨西哥银圆又被称为"墨银"或"鹰洋",有时讹为"英洋",英文里常被俗称为"八块币"(pieces of eight,意即等值 8 个里亚尔)。晚清

---

[1] P. Andrew, "The End of the Mexican Dollar", *Quarterly Journal of Economics* 18 (1904): 321.

和民国年间,在流入中国的所有外国银圆中,墨西哥银圆数量最多。

墨西哥银圆之所以获得广泛的国际流通,基本原因与古希腊4德拉克马银币和奥地利特蕾莎银币的流通原因相同或近似。在供给方面的主要因素是,墨西哥本土银矿产量丰盛,银材供给充足,银圆铸造标准长期稳定,而且制作精美,便于识别。在国际环境方面的主要因素则是,拉丁美洲其他地方的殖民当局以及独立后的政府都未能做到像墨西哥造币厂那样长期保持铸造标准不改变,尤其是不进行任何减值减重的调整。这方面的一个事例是,同属西班牙殖民地的秘鲁也富产银矿并铸造银币,但它在1650年搞了一次大减值,此后该银币被英格兰拒收,且在西班牙帝国境内也常遇麻烦。①

就近代中国而言,虽然银圆和银两都是商品货币,但前者明显有一些优点,尤其对普通消费者和零售商而言。明清时期,中国本土通行银两,辅之以铜钱。银两看上去像是"脱掉了国民制服"的银通货,但严格说来不算是。在清朝,流通中的银两多以"纹银"或"宝银"等形式铸造,它们多少也带着国民色彩。如果用于长途搬运和跨境交易,这些纹银和宝银皆有诸多不便不利之处(同等价值的银两比银圆需占用更多空间)。19

---

① Andrew, "The End of the Mexican Dollar", p.323.

第一章　跨境支付与货币的诞生

世纪前半期，清朝官员多次上奏报告，本朝铸造的纹银被沿海地带的商民以及外商收购后熔化，并铸成外来制式的银币；同等成色的外来银币（主要是墨西哥银圆）在市面上的交换价值高于本土银两。[①] 此事例表明，在多种货币形式并存的条件下，无论是跨境交易还是国内交换，最终哪一种货币形式能流行开来，取决于消费者的使用习惯和偏好。铸币政策若能较好地适应国内外消费者的需要，有关铸币就可能同时流行于国内交易和跨境支付。

金币在近代世界发挥跨境支付工具作用的事例主要是联合王国（英国）金币。1817年，拿破仑战争结束两年后，皇家铸币厂推出"金镑"（gold sovereign，音译"沙弗林"或"索维林"），面额为1英镑。当时正值英国从拿破仑战争期间的暂停纸钞可兑换到恢复完全可兑换的过渡时期，也是英国工业革命蓬勃开展和对外贸易及殖民扩张的新发展时期。金镑首先在联合王国境内流通，但不久便流传至境外。皇家铸币厂坚持全额包换磨损金镑，此做法受到金镑持有人的极大欢迎，这使得他们免去了对因频繁使用金镑而出现磨损和价值损失的担忧，客观上有利于国内外消费者都接受金镑。

[①] 御史黄爵滋道光十三年（1833年）奏折（"商民……尽以纹银铸为洋银"），参见中国人民银行总行参事室金融史料组编《中国近代货币史资料》第一辑（清政府统治时期），上册，中华书局，1964，第43页。

从 19 世纪 50 年代至 1932 年，很多英属殖民地当局开始各自铸造金镑，包括澳大利亚、加拿大、南非和印度等。凯恩斯在 1914 年说："在伦敦已是南非黄金配给中心的同时，来自印度和埃及对金镑的需求则进一步促使金镑成为世界首屈一指的金币。金镑在未来的命运很有可能犹如墨西哥银圆在延续数世纪的银本位时代中所享有的那种国际地位。"①

事实上，作为硬币的金镑并未像墨西哥银圆那样在国际上广泛流通。金镑在欧洲所面临的国际环境不同于墨西哥银圆在拉丁美洲所面临的环境。19 世纪中期后，欧洲各国陆续改革和完善国内货币体系，它们留给外来铸币流行的空间非常小。更重要的是，19 世纪是非现金支付工具大发展和大普及的时期（参见第三章），无论是硬币金镑还是金银条块，在大宗贸易中的使用事实上都不断减少，它们越来越多地让位于各种非现金支付工具。

不可否认，20 世纪中，金镑不时被英国以外的一些国家和地区所使用，有时甚至是大量使用。二战期间希腊爆发超级通货膨胀，金镑成了当地大额交易的主要支付工具。在非洲和亚洲的一些地方，金镑常被许多外贸企业使用，发挥"交易币"的作用，而在同时，金镑在联合王国早已停止了发行和流通

---

① J.M.Keynes, "Currency in 1912", *The Economic Journal* 24, no. 93 (1914): 155.

（但它仍具有法偿性，且市场价值高于同面额英镑纸钞）。

　　以上几个历史事例说明，虽然国际贸易的发展需要某种货币作为跨境支付工具，但不是所有货币形式都能充当此种职能。铸币具有国别性，一般而言难以成为跨境支付工具，但在一定条件下也有可能在一定范围内发挥跨境支付工具的作用，甚至进入某些国家的国内交易过程。在跨境支付的漫长发展历程中，使用何种货币或国际货币或许是第一个需要解决的问题。

第二章
跨境支付历史上的金银竞争

需求和供给是影响跨境支付发展的基本因素。对跨境支付的需求主要来自货物和人员的跨境流动，而跨境支付工具的供给则由自然和人为两方面的因素决定。前章说明，在人类文明的早期阶段，物物交换盛行于部族之间以及部族内部，自然物品是基本的支付工具。当某物品成为诸多部族及其成员的共同喜爱之物时，该物品商品属性逐渐增多并最终从众多候选物品（商品）中脱颖而出，成为流通物，成为支付工具和交易媒介。这就是"原始货币"的起源。海贝在一定范围内的古代世界或发挥过此种作用。特别地，一度流行于中国商周时期的"赐贝"极有可能来自超长距离的跨境交换。

历史上，货币的诞生包含两个阶段，一是原始货币从多种物品或商品中分化出来，二是铸币制度的确立。从跨境支付的角度看，铸币制度确立后，国内支付与跨境支付便开始分野。一方面，铸币的首要功能是为国内交换提供支付工具或交易媒介，其为所有的交换活动设置了明确的国界线；另一方面，被打上国家烙印或作为"国家名片"的铸币在很多情况下难以走出国门，除非脱去"民族服装"。简言之，铸币制度在世界各国普遍确立后，跨境支付的发展便与国内支付发生分离，两者的关系日益呈现复杂多样的形态。

如果说跨境支付主要服务于国际贸易、国内支付主要服务于国内贸易，那么，两者的区别显而易见。首先，国际贸易多数是远程贸易，而国内贸易大多为社区范围内的近程贸易。其次，国际贸易多为批发贸易，而国内贸易兼有批发和零售贸易。最后，国际贸易多为高价值货物的跨境流动，国内贸易则多为普通货物的本地流动。这些差别使国际贸易和国内贸易对支付工具或交易媒介的需求显著不同。

但是，国际贸易与国内贸易又有着紧密联系。一国出口的货物首先通过国内贸易到达口岸，进口的货物则需要通过国内贸易进入最终消费环节。在高度商业化的环境中，许多商人兼营国际贸易和国内贸易，他们之间常使用完全相同或者可随时转换的支付工具（交易媒介）。如果在支付工具（交易媒介）上出现完全脱节，例如跨境支付工具不能转换为国内支付工具或者国内支付工具不能转为跨境支付工具，国际贸易和国内贸易都会受到不利影响。如何在跨境支付工具与国内支付工具之间建立起既有区别又可互换的关系，从历史到当代，在世界许多国家和地区都是一个具有挑战性的问题。

如果说铸币制度的出现在一定意义上"解决"了国内支付工具的选择问题，那么，它同时带来了跨境支付工具的选择问题。在跨境支付中，选择使用什么样的支付工具，显然是一个如何得到支付双方认可的问题。历史经验表明，在跨境支付工具的选择上，中心化力量和网络力量都产生了重大作用，两种力量有时处于冲突状态，有时处于协调状态。当中心化力量与网络力量相结合时，跨境支付便可得到顺利发展。

历史上推动跨境支付发展的中心化力量与网络力量

这里让我们首先从一个抽象框架及其相关概念出发，借以认识跨境支付发展中的两种基本力量及其关系。

抽象框架指跨境支付所服务的对象可被理解成一个体系，一个由时间和空间所界定的范围。在该体系中，处于不同地理位置或分属于不同国家的人们定期或不定期地联系，联系的紧密程度高于其与其他地区或人群之间的联系。此体系可视为某种形式的"共同体"，或为某种网络关系。若在该共同体或网络关系中，存在一个发布指令的中心，那它就是一个"中心化的体系"；如果不存在指令中心，则是"分散化的体系"或者"单纯的网络"；介于中心化的体系与分散化的体系之间的任何一种体系可被称为"半中心化的体系",在此体系中,中心的权力相对弱小,往往无法就重大事项独自做出决策并予以实施。

历史上的帝国在各自范围中都是一个中心化的体系,而大型宗教可视为半中心化的体系。作为一个中心化的体系,在任何一个帝国,纳税指令皆从首都向境内各地人民发出,中央当局颁布的法令确定赋税的缴纳形式、数额和交付时间等重要事项,各地人民则是指令的接受者,其在一般情况下不能自行决定纳税的货币形式、数额和交付时间等。或许可问,帝国境内的支付属于跨境支付还是国内支付?回答应是两者往往兼而有之。以罗马帝国为例,在意大利本土之外,罗马帝国的各个行省和非公民每年必须缴纳多种赋税,包括人头税和财产税等,其支付方式互不相同。例如,埃及行省的税额一半为谷物税,另一半为货币税,且后者以当地铸造银币缴付。此种情况在不同程度上也存在于其他遥远行省(阿非利加行省和亚细亚行省等)。简言之,罗马帝国是一个中心化的体系,境内的"跨境支付"事务主要由帝国中心决定。

相比于帝国,大型宗教是一种半中心化的体系。基督教兴起于罗马帝国末期,其教会组织体系既是中心化的,又是分散化的,整体而言具有明显的"邦联"色彩。罗马城中的梵蒂冈是教皇所在地,是基督教(罗马天主教)的精神中心。一方面,教皇由各大教区的主教们选举产生,终身任职,拥有对梵蒂冈

第二章 跨境支付历史上的金银竞争

财政资源分配的决定权,此为该体系的中心化特征。另一方面,各教区(包括大教区中的各个中小教区)分布在中世纪欧洲各个诸侯国和王国,它们大多有自己的经济来源和行政自主性,不仰仗梵蒂冈或大教区的财政支持,此为该体系的分散化特征。

在中世纪欧洲,各地的教区和教会有义务定期(常为每隔三五年)向梵蒂冈传送钱财,此被称为"什一税"(tither)。它们多以当地钱币的形式上缴,教皇在钱币形式以及"税额"大小等事项上并无直接的决定权。众所周知,中世纪欧洲邦国林立,币制纷杂。显然,在罗马天主教半中心化的体系中,什一税钱币形式的庞杂给梵蒂冈中心的财务管理带来了巨大挑战。正是在此背景下,中世纪银行最早出现在意大利半岛,它们当时最重要的一项业务就是为跨境支付提供服务(参见第三章)。

公元 7 世纪兴起的伊斯兰教是另一个半中心化的宗教体系。伊斯兰教没有像罗马天主教那样的教皇或教会中心,哈里发(继承人)是复数而不是单数。但是,穆斯林有朝拜中心。依照教规和传统,每一位穆斯林,无论身处世界何地,一生至少要前往圣地麦加朝觐一次。来自世界各地的穆斯林成群结队前往圣地麦加,是穆斯林社会网络拥有一个共同中心的标志。

知名历史学家费尔南·布罗代尔(1902—1985 年)转述过一位英格兰旅行者的亲历记,叙说 16 世纪末从北非到麦加的一场大型朝圣活动:"沙漠商队并非从 16 世纪开始……商队在斋月结束20天后组成,在离开罗3里(1 500米)远的'比尔卡'启程,聚集了4万头骡子和骆驼以及5万人。商人走在队伍的前方,照料各自的货物,沿途有时也出售丝绸、珊瑚、锡器、小麦或大米,但他们主要是去麦加换取其他物品。朝圣者走在队伍的最后,除了自己以外,别无牵挂……这支由富人和穷人组合起来的队伍,有它的武装首领……这支半宗教性、半商业性的庞大队伍行进速度很快,在40天内走完从开罗到麦加之间这段困难的路程……(他们)必须从事有利可图的买卖。在撒哈拉,主要是盐、奴隶、布匹和黄金的贸易;在叙利亚,香料、药物和丝绸等商品声誉卓著。这些贸易定期进行。"[1]

上述事情发生在奥斯曼帝国时期,当时北非和阿拉伯半岛都在该帝国统治下。奥斯曼帝国的政治体制不同于罗马帝国。罗马帝国派遣将军前往各地任总督,而奥斯曼帝国各地的总督往往出自当地,仅在事后得到帝国政府的追加认可。在铸币事务上,奥斯曼帝国有一套完备的做法,但其个别大区却自有铸币体系。前述商队和朝圣者从开罗走到麦加,沿途经过数个"货币区"。该事例还显示,彼时跨境支付工具多种多样,各种"畅销商品"和金银皆可充当跨境支付工具。

---

[1] 费尔南·布罗代尔:《地中海与菲利普二世时代的地中海世界(第一卷)》,唐家龙、曾培耿等译,商务印书馆,2013,第262-263页。

第二章 跨境支付历史上的金银竞争

散居世界各地的犹太人是分散化体系的一个典型代表。犹太人早先生活在中东地区，有自己的语言文字（希伯来语）和宗教信仰（犹太教），建有犹太王国。罗马帝国入侵中东后，残酷镇压当地犹太人，迫使他们背井离乡，在欧洲和西亚北非各地"大流散/大迁居"（diaspora）。在中世纪欧洲，一些封建王国不时打压犹太人，再次迫使他们四处流亡。失去祖国的犹太人靠着共同语言和共同信仰才得以延续犹太民族共同体的信念，但直到20世纪，他们也未能形成自己的政治中心或宗教组织中心。但是，中心的缺少并未妨碍世界各地的犹太人坚持进行文化和商业联系，并从事跨境支付活动。

中世纪散落于欧洲各地的犹太人，一方面坚持在居住地从事珠宝、金银钱币的经营活动，另一方面长期保持与迁移别地的犹太人的商业和文化往来，这使得他们相对容易开展跨境商业合作，彼此建立信用关系，并在此基础上参与创造和使用非现金跨境支付工具（参见第三章"美第奇银行与中世纪欧洲汇票制度的创立"）。

在历史上和现实中，文化和血脉关系上同宗同源的人口因种种原因而散居于世界不同地方，此现象不限于犹太人。经历了"大流散/大迁居"的还有中世纪晚期或近代以来的海外华人和印度人等。哪里有人口大流散，哪里就会出现非中心化的网络体系。

中心化的帝国体系与分散化的网络体系之间的划分不是绝对的。如果某个帝国在其演变过程中，权力中心的地位由于地方割据势力的兴起或中心治理能力的弱化而出现下降，它便会变得越来越像一个分散化的网络体系。蒙古帝国在成吉思汗（1162—1227年）后出现了四大汗国并存的局面，其中一些有时相互争斗，显然成了缺少统一中心的"帝国"，实际上也为由多中心构成的半中心化的网络体系。在四大汗国并行时期（13世纪中后期），多条贸易线路将亚欧大陆东西两侧连接起来，商人和香客成群结队穿越大漠。在蒙古人兴起之前，丝绸是陆上丝绸之路沿线各民族、各部落跨境贸易和交往的常用支付工具；而在蒙古人兴起后，银和银币作为其偏爱，日益成为更加普及的跨境支付工具。元朝时期的"斡脱商人"（突厥语为ortaq），原意为"合伙"，实际指获得蒙古王子或官府资助的贸易商人，其重大历史作用是"使得朝贡品转向了真实的贸易"[①]。元朝仿宋朝发行纸钞，早期可兑换银。一位活跃于14世纪前半期的意大利商人兼旅行家提到，前往中国旅行的国际人士被劝说最好在杭州（Quinsay，行在）将银钱换成纸钞，而不要等到了北京

[①] 魏义天：《泛亚洲贸易或丝绸之路的解构（古代、中世纪时期）》，载拉里·尼尔、杰弗里·G.威廉姆森主编《剑桥资本主义史》第一卷（资本主义的兴起：从远古到1848年），李酣译，中国人民大学出版社，2022，第135页。

再兑。①

一个中心化的帝国体系在其晚期有可能退化为一个半中心化甚至完全分散化的网络体系。这方面，中世纪以来的历史事例有查理曼帝国、奥斯曼帝国和莫卧儿帝国等，而罗马帝国从一开始就不是一个严格意义上中心化的帝国体系。

金的价值显著高于银，理论上金比银更加适合充当跨境支付工具。历史上，在一定时期和一定地理范围中，究竟是金还是银充当跨境支付工具以及国内大宗交易的支付工具，在很大程度上取决于帝国首脑的偏好。有的帝国爱金甚于爱银（此为"金帝国"），有的帝国则是爱银甚于爱金（此为"银帝国"），其客观衡量尺度就是金银比价。"金帝国"的金银比价通常显著高于"银帝国"，即1单位纯金可换到较多的纯银。在漫长的世界历史中，金与银出现过反复的竞争。倘若未有工业革命，世界范围内金银竞争或将不断上演并永无结局。

自15世纪末的地理大发现（大航海）之后，"全球"概念开始深入人心。"全球"概念的崭新意义在于，一个帝国，无论其人口和领土规模多大，都仅为世界的一部分。就世界而言，

---

① Paul Einzig, *The History of Foreign Exchange* (London: Macmillan, 1970), 2nd edition, p.63. 这位意大利人名叫 Francesco Balducci Pegolotti，出生于佛罗伦萨，著有《商业指南》（亦可译为《市场营销实践》），在裕尔《东域记程录丛》中称"裴戈罗提"。他本人不一定到过中国，但其著作多处提及中国。

包括大型帝国在内的各个国家和地区都是一个超大型的、分散化的网络体系的一部分，帝国至多是该网络体系的局部中心。简言之，大航海之后，世界进入半中心化和分散化的网络体系的新发展阶段。

在旧的中心化的帝国体系时代，权力中心在跨境支付领域中发挥主导作用，而且，帝国中心关于用金还是用银的决策具有重要的外部（外溢）效应。而在新的半中心化和分散化的网络体系中，市场需求发挥重要的导向作用，那些能够较好适应市场需求的地方中心（局部中心）可在网络体系中快速成长，成为最具国际影响力的主导性角色。金本位制在19世纪成为世界范围内的主流货币体制，金成为国际贸易通行的非现金跨境支付工具的客体，从根本上反映了此种时代潮流的转变。

本章以下首先概述历史上的"金帝国"和"银帝国"，接下来简析17世纪白银革命和19世纪金本位制胜出的历史缘由，最后总结金银复本位制框架中国内支付与跨境支付矛盾的解决之道。

历史上的"金帝国"

中国历史上有多篇文献提到"金银铜三币"，例如《管子·国蓄》说"以珠玉为上币，以黄金为中币，以刀布为下币"；《史记·平准书》说"金有三等，黄金为上，白金为中，赤金为下"。在实践中,西汉末年王莽当政期间(9—23年),前后发行过金错刀、朱提银和大小泉(铜钱),看似为复合铸币体制。其中,金1斤值钱10 000,普通银每流(8两)值钱1 000,朱提银每流值钱1 580。① 如不考虑成色并按1∶16的斤两换算比率,上述意味着金银比价在1∶3.16至1∶5之间,大大低于已知的西亚和地中海水平。金价的低水平决定了古代中国无论如何不可能成为一个"金帝国"。不用说,王莽币制改革不仅未能持久,而且前后数次变更,终究未能将复合铸币思想贯彻下去。

由奥古斯都开启的罗马帝国同时铸造金银铜钱币,并依当时市场行情规定三币的比价,其中金银比价为1∶13.3,很接近500年前小亚细亚和波斯帝国的水平。金币称为奥留(aureus),银币沿用罗马共和国的名称第纳尔(denarii),铜币名称则由阿斯(asses)改为塞斯特提斯(sestertius)。在罗马帝国,铜币不再具有金银币那样的法偿性,但它仍是罗马帝国本土的主要计价单位。奥古斯都自己撰写的"本纪"中说:"我付了8 600万塞斯特提斯购买土地以分给退伍老兵,我一共支出了24亿塞斯特提斯,给了国库,并分发给罗马城的平民和遣散的士

---

① 彭信威:《中国货币史》,上海人民出版社,2007,"宝货制分类表",第87页。

兵……"① 在西罗马帝国后期（3 世纪及以后），市面上充斥着各式各样的贬值银币，同时金币从流通中消失。由此而论，罗马帝国不算是一个"金帝国"。

或许，作为罗马帝国承继者的拜占庭帝国才是世界历史上首个"金帝国"。知名经济学家罗伯特·蒙代尔（1932—2021年）说："高加索和克里米亚的金矿确保了拜占庭帝国维持稳定的金币（但价值高估）长达 800 年。"② 戴克里先皇帝在位期间（285—305 年），罗马帝国实行"四帝共治"，东西各有两位皇帝。戴克里先逊位后，"四帝共治"局面很快瓦解，但东西分治的格局延续了下来。以君士坦丁堡为都的拜占庭帝国在货币管理和财政事务上取得远超西罗马帝国的成就。一位知名的罗马经济史学家评论说："在戴克里先失败了的一个方面，君士坦丁堡取得了成功，而且这一点也相当重要，那就是他稳定了金融而且在一定程度上恢复了钱币在公私活动中的信用。"③

君士坦丁一世（大帝）在位期间（307—337 年），拜占庭帝国参照西罗马帝国的做法推出金银铜三币复合铸币体制，其中金币称为索利德斯（solidus），10 世纪后改名为诺米斯玛

---

① M. L. 芬利：《古代经济》，黄洋译，商务印书馆，2020，第 51 页。
② 罗伯特·蒙代尔：《桑顿效应》，载《蒙代尔经济学文集》第四卷，向松祚译，中国金融出版社，2003，第 20 页。
③ M. 罗斯托夫采夫：《罗马帝国社会经济史（下册）》，马雍、厉以宁译，商务印书馆，1985，第 709 页。

(nomisma，此词意为"铸钱")。与西罗马帝国不同的是，如前引蒙代尔所说，拜占庭一直高度重视金币索利德斯或诺米斯玛的价值稳定（保持成色和重量基本不变）。换言之，拜占庭坚持用足值金币支付为它作战的士兵（索利德斯一词后来演变为西班牙语中的"士兵"），而不像西罗马帝国那样使用不断贬值的银币发放军饷。

拜占庭重视金币的另一缘故是使用金币去"贿赂"一直觊觎其领土的蛮族。有记载表明，6世纪优士丁尼王朝时期，拜占庭专门打造符合日耳曼度量衡体系（计价和计重标准）的金币，目的在于便利双方之间的"友好通商"。[1]

很明显，拜占庭帝国金币政策的重点在于跨境支付，因为对其而言，跨境支付问题关系到其领土完整及政权的生死存亡。但是，对金币的重视有时也伴随另一个情况，即对银币和铜钱的忽视。有迹象显示，早在5世纪，银币"在日常生活中已被弃用"，而铜币仅剩下最小面额的那一种仍在使用。[2] 这些情况很可能意味着，在此时期，拜占庭帝国一方面通过保持金币的价值和供应维持了其对外支付和贸易活动，另一方面在国内至少部分地方经历了零售商业和服务业的一定萎缩，后者则

---

[1] 菲利普·格里尔森：《拜占庭货币史（上册）》，武宝成译，法律出版社，2018，第83页。

[2] 同上书，第2页。

可能进一步意味着地方经济出现非商业化的倾向和割据势力的抬头。

如果说拜占庭成为"金帝国"在一定程度上得益于其所拥有的金矿，后起的阿拉伯跻身于"金帝国"行列则应主要归功于其对金钱近似疯狂的追求。在伊斯兰教创立之前，为贫瘠和荒芜土地所包围的麦加已成为贝都因人的精神慰藉之地，在那里，"神殿与商贸紧密地结合在一起"①。追求财富是伊斯兰-阿拉伯势力于7世纪以及后来200余年中不断对外扩张的重要动机之一，而在所有财富中，他们尤其看重黄金。

在伊斯兰-阿拉伯势力兴起前，其北面（地中海东南岸）为拜占庭帝国，当地大量流通金币。后来阿拉伯政权便在其所占领的拜占庭地区铸造金币第纳尔（dinar），此词在罗马共和国和罗马帝国原指银币。阿拉伯人东面是萨珊王朝，其领地包括今天的伊拉克和伊朗，当地大量流通银币。后来阿拉伯人便在其所占领的该地区铸造银币迪纳姆（dirham），此为波斯语中的希腊词德拉克马。②仅从这些钱币冠名就可看出，伊斯兰-阿拉伯人深受古希腊罗马财富观念和钱币文化的影响。不仅如此，阿拉伯人使用的金币第纳尔和银币迪纳姆的铸造方法

---

① 休·肯尼迪：《大征服：阿拉伯帝国的崛起》，孙宇译，民主与建设出版社，2020，第44页。

② 同上书，"序言"，第13页。

和规格设计都遵从古希腊罗马的规范,例如钱币重量皆在 4—4.5 克。① 阿拉伯官方铸币初期规定 1 第纳尔金币兑 10 迪纳姆银币,但该比价很快升至 14 迪纳姆银币,依据第纳尔与迪纳姆的重量及市价,此意味着金银比价为 1∶11。② 后来的市场行情变化使得 1 第纳尔金币可兑 15—20 迪纳姆银币,此意味着金银比价升高 7%—43%(1∶11 至 1∶14)。③

阿拉伯人对金银钱币(尤其金币)的偏好表现在三方面。一是用钱向雇佣兵发放军饷。倭马亚王朝(亦称伍麦叶王朝,661—750 年)和阿巴斯王朝(亦称阿拔斯王朝,750—1258 年)的对外征战皆大量使用外族士兵并向其支付金钱报酬。有文献说,哈里发军队中士兵的工资收入是罗马军团的 4 倍。④ 此做法是后来导致马穆鲁克势力壮大并最终在埃及夺取政权的重要因素。马穆鲁克原意为"奴隶兵",成员多来自中亚突厥地

---

① 伊格尔顿、威廉姆斯:《钱的历史》,第 102 页。

② Raymond W. Goldsmith, *Premodern Financial Systems: A Historical Comparative Study* (Cambridge: Cambridge University Press, 1987), p.66.

③ 有研究者整理过阿拉伯世界的金银比价历史数据,大致情况是,7 世纪初至 9 世纪中叶,金银比价由 10 左右升至 17.3;此后至 1250 年,金银比价在波动中降至 4.8—5.0;此后至 15 世纪初,金银比价在波动中回升至 10 上下,参见 Robert P. Blake, "The Circulation of Silver in the Moslem East Down to The Mongol Epoch", *Harvard Journal of Asiatic Studies* 2, no. 3/4 (Dec. 1937), Table 2, p.27.

④ 大卫·格雷伯:《债:第一个 5000 年》,孙碳、董子云译,中信出版社,2012,第 261 页。

区。二是征收货币税,被征服者须以现金缴纳土地税和人头税（Jizya,齐兹亚税）,后者多少有些类似罗马帝国向非公民征收的税种。货币税的征收明显有利于各地经济的商业化,并在客观上推动跨境支付的增长。三是黄金装饰和收藏。简言之,金在阿拉伯帝国至少发挥跨境支付工具、国内支付工具和价值储藏三大职能,并在一定范围内发挥计价单位的作用。

金融史研究者雷蒙德·戈德史密斯（1904—1988年）搜集了许多相关历史研究成果,给出了9世纪阿巴斯王朝时期阿拉伯帝国的几个统计估计数,从中可推算该帝国当时的货币化率和金币在铸币流通总量中的占比。首先,国内生产总值估计为30亿迪纳姆,其次,不包括铜钱的金银铸币流通量为20亿迪纳姆。① 由此两数可得出货币化率为66.7%,显然是一个很高的水平。此外,已知在阿拉伯帝国三大金币铸币厂的年用金量中,约有300千克来自阿富汗和突厥斯坦地区,约有600千克来自非洲,合计900千克。② 依照1千克纯金可制250枚第纳尔金币的参数（第纳尔金币标准重4.5克,成色约为0.9）,900千克纯金一年可制22.5万枚第纳尔金币;当时1第纳尔金币兑15迪纳姆银币（两者隐含的金银比价为1∶11）,即阿巴斯王朝时

---

① Goldsmith, *Premodern Financial Systems*, p.67.
② 同上,原文疑似将合计数误述为500千克。

第二章 跨境支付历史上的金银竞争

期阿拉伯帝国年铸相当于337.5万迪纳姆银币的金币,而金币存量(流通量)则可根据"存量等于年产量20倍"的参数推算为6 750万迪纳姆银币,此为前述20亿迪纳姆金银币流通总量的3.4%。简言之,即便在高度重视黄金的货币作用的阿拉伯帝国,金币在钱币供给总量中的份额实际上也很小,充其量不到5%。

尽管金币在国内钱币流通总量中的实际占比不高,但中世纪阿拉伯人将金币当成最重要的跨境支付工具来使用,此事却具有重要的世界历史意义。首先,通过金以及以金币为媒介的国际贸易,阿拉伯商人事实上在9—10世纪建立起了以阿拉伯半岛和印度洋(阿拉伯海)为中心的庞大贸易圈(贸易线路),东端连接中国东南沿海,西端深入非洲腹地和西海岸(包括今天加纳等地),为海上丝绸之路的形成和发展做出重要贡献。其次,阿拉伯商人和各地穆斯林商人后来发展出了非现金支付工具和网络组织,借以替代金银现金的远距离实物传送,其具有长久的商业持续性,从中世纪一直延续到当代(参见第三章"传统的和半传统的跨境支付系统")。不过,阿拉伯-穆斯林世界未能像中世纪晚期和近代初期的欧洲那样进一步发展出相应的专业化金融机构。最后,在阿拉伯帝国与拜占庭帝国共存时期(7世纪至13世纪中叶),两大"金帝国"曾有过的经济繁荣和对重要贸易线路的控制客观上促使意大利半岛几个高度商业化的城邦（热那亚、威尼斯和佛罗伦萨等）于13世纪前半期陆续发行金币，以此为欧洲和中东地区的国际贸易提供跨境支付工具，并在中世纪晚期和近代早期成为推动欧洲经济和社会转型的重要因素。

特别值得一提的是，虽然中东和西亚地区的阿拉伯 - 穆斯林帝国于13世纪亡于蒙古人的入侵，但阿拉伯 - 穆斯林商人却在蒙古帝国时期走遍了几乎整个西半球，建立起横穿亚欧大陆并环绕印度洋的贸易线路。"穆斯林商人不依靠任何得势政府提供的帮助，就能到达比任何穆斯林征服者更远的区域……即使他们在排外的明朝建立时被驱逐出中原，即使是中亚的混乱和伊朗反抗帖木儿后代的斗争，都不能最终摧毁这种跨越大陆的统一，那是蒙古人最杰出的创造。"[1]

奥斯曼帝国的兴起间接受益于蒙古人摧毁阿巴斯王朝（阿拉伯帝国）。一百多年后，强大起来的奥斯曼帝国于1453年攻占君士坦丁堡（伊斯坦布尔），征服了拜占庭帝国。此后至苏莱曼大帝（1520—1566年在位）的一百余年为奥斯曼帝国的鼎盛时期。在奥斯曼帝国兴盛之前，国内通行银币（阿克切）和铜钱。在它成为地中海强国并占领中东地区所有重要贸易通道

---

[1] 迈克尔·普劳丁：《蒙古帝国的兴起及其遗产》，赵玲玲译，社会科学文献出版社，2020，第408页。

后,奥斯曼帝国始铸金币(1477年)。奥斯曼帝国的金币名为苏丹尼(Sultani),采用其彼时的劲敌——威尼斯金币杜卡特(Ducato)的标准,直径20毫米,重3.5克,纯金打造,两种金币的比价初为1∶1。苏丹尼背面铭文为"拥有两片土地的苏丹和两大海域的主人,苏丹的儿子"[①]。奥斯曼帝国铸造金币的目的显然是以此作为地中海和中东地区的贸易通货(交易币),与威尼斯杜卡特相竞争,并推动国际贸易发展和赚取更多财富。奥斯曼帝国此时期的做法与拜占庭帝国如出一辙。

但是,苏莱曼大帝驾崩后,奥斯曼帝国转向衰落。17世纪初,市场上1苏丹尼换不到1杜卡特,其原因是苏丹尼的成色下降。奥斯曼帝国铸造的银币阿克切质量下降更加严重,商人们对奥斯曼帝国铸币不再充分信任。[②] 后来,奥斯曼帝国放弃了金币的统一铸造,而且被迫允许外国金币和银币在境内流通(主要用作关税支付工具和贸易通货),而在国内继续流通不断贬值的银币和铜钱。直到19世纪中叶,奥斯曼帝国才对铸币体制进行了新的大改革,转向金银复本位制。

奥斯曼帝国可以说是一个短暂成功的"金帝国",或者说是一个不够成功的"金帝国"。

[①] 瑟夫科特·帕慕克:《奥斯曼帝国货币史》,张红地译,中国金融出版社,2021,第54页。

[②] 同上书,第55-56页。

历史上的"银帝国"

世界上首个"银帝国"应是雅典帝国。公元前 5 世纪后半期，以雅典为首的提洛联盟在东地中海取得军事霸权，整个地中海周边的国际贸易通行雅典铸造的或模仿雅典标准的 4 德拉克马银币。雅典城邦衰落后，德拉克马银币的事迹留存于许多后来人的记忆中。作为古希腊文化的一个仰慕者，罗马共和国和罗马帝国没有直接继承雅典的钱币体制，但后者的德拉克马银币体制却"隔代"流传到西亚地区的帕提亚王朝（公元前 247—公元 224 年，又称阿萨息斯王朝）和后来统治波斯的萨珊王朝（224—651 年）。

马其顿王国的亚历山大大帝于公元前 323 年驾崩后，广袤领土被一分为三，其中一支为塞琉古王朝（公元前 312—公元前 64 年），中国史籍称之为"条支国"。该王朝统治者来自希腊，定都于今天叙利亚的大马士革，统治范围最大时涵盖两河流域、波斯、今天的阿富汗和巴基斯坦（古印度北部地区）。在其 300 多年的统治中，塞琉古王朝充当了古希腊文化在西亚的传播者。在塞琉古王朝晚期，其在西面抵抗罗马征服者，在东面阻挡帕提亚扩张者，最终结局却是领土遭受两者瓜分。

帕提亚王朝在中国史籍中称为"安息国"，统治范围包括小亚细亚半岛的一部分、两河流域、今天的伊朗以及中亚的一部分。它继承了古希腊-塞琉古的钱币文化,几乎完全依照雅典德拉克马分类体系铸造银币,并辅之以铜钱小币。帕提亚王朝也铸造了少量金币,但那仅出于纪念的目的。①

帕提亚王朝的统治者为古代波斯人的一支,他们于224年被另一支波斯人力量击败,后者建立起萨珊王朝。萨珊王朝兴起后150年,吞并了东边的贵霜王朝(30—375年),并由此接近汉唐王朝的西部边疆。贵霜王朝在中国史籍中被称为"大月氏(月氏/月支)",铸制金币和铜钱,这表明该王朝既有本地经济的货币化(需要使用铜钱),又大量从事远距离的国际贸易,其中很可能包括陆上丝绸之路上的货物转运(明显需要使用金币)。

在消灭贵霜王朝之前,萨珊王朝已经继承了古希腊-塞琉古-帕提亚的铸币文化,同时吸收了罗马帝国的铸币文化成分。萨珊王朝铸制的金币称为第纳尔,此原为罗马银币的名称,前述阿拉伯帝国兴起后也将之用于金币的称呼。萨珊王朝铸制的银币沿用雅典名称德拉克马(但已将之波斯语化),而且铸有多种面额,包括4德拉克马、半德拉克马和奥波尔(1/6德拉克马)等。大量流通的钱币是1德拉克马,这很可能表示此为萨

---

① 大卫·赛尔伍德:《帕提亚货币史》,武宝成译,法律出版社,2020,第1页。

珊王朝赋税的重要支付工具。

萨珊王朝的外部劲敌早先是西罗马帝国，后来是拜占庭帝国，最后则是新兴的阿拉伯帝国（萨珊王朝终结于此）。在260年和572年，萨珊军队分别战胜了西罗马帝国和拜占庭帝国，并向对方索取巨额战争赔款（前一次据称为50万第纳尔金币）。① 钱币史料说，银币是萨珊王朝国内流通和对外贸易的主币，他们实际上很少铸制第纳尔金币，5世纪末制作的一大批金币做工粗糙，因为那仅仅出于对外一次性支付赎金的目的。②

萨珊王朝的德拉克马银币与拜占庭帝国的索利德斯（诺米斯玛）金币一样，产生了巨大的外部影响。20世纪初以来的许多考古证据表明，拜占庭金币和萨珊银币自魏晋南北朝起经"西域"流传至中原地区，且流入数量在隋唐时期显著增多，中国境内甚至还出现了它们的模仿品。③ 尽管外来的金银钱币或

---

① 迈克尔·阿克斯沃西：《伊朗简史：从琐罗亚斯德到今天》，赵象察、胡轶凡译，民主与建设出版社，2020，第58页和第75页。
② 大卫·赛尔伍德、菲利普·惠廷、理查德·威廉姆斯：《萨珊王朝货币史》，付瑶译，中国金融出版社，2019，第11页。
③ 王义康：《中国境内东罗马金币、波斯萨珊银币相关问题研究》，《中国历史文物》2006年第4期，第41-50页；黄维、周卫荣：《唐代白银货币与中西交往》，《中国钱币》2014年第2期，第47-55页；Helen Wang, *Money on the Silk Road: The Evidence from Eastern Central Asia to c.AD 800* (London: British Museum Press, 2004), pp.13-14.

其模仿品从未得到隋唐官方的认可而进入国内流通领域并作为交易媒介,称重银两(银锭)却大约在该时期开始在一定范围内发挥支付工具的作用。①此外,宋元时期中国境内的金银流通更有显著增多的迹象,而这毫无疑问在一定程度上促成了中国明清时期确立银两制度并成为世界上最大的"银帝国"。

王莽之后的1300年,明初朱元璋政府实行税粮折价为金银的政策,其中隐含的金银比价在1∶5左右,②此时在中国境外的西亚和欧洲,金银比价已超过1∶10。明中期(15世纪中叶前后),随着"金花银"等政策的推行,货币税开始成为国内税的重要组成部分。朝廷提升银价并决定以银两充当国内支付工具,两者共同推动明朝成为"银帝国"。这也反映出,在一个高度中心化的帝国体系中,首脑机关在支付工具选择上完全

---

① 周卫荣、杨君:《中国古代银锭:形制与内涵》,载王信、罗锐主编《白银货币与中国历史变迁问题研究》,中国金融出版社,2021,第17-31页;李宝庆、梁思远:《唐宋银锭初探兼论白银的货币化问题》,载前书,第32-61页。

② 明朝官方文献说,1385年(洪武十八年),朝廷"令两浙及京畿官田,折收税粮钞……金每两准米十石,银每两准米二石",此即金银比价为1∶5;1386年(洪武十九年),"诏天下……所解课税钱钞,有道里险远难致者,许易金银以进(每金一两,价钞六锭;银一两,价钞一锭)",此即金银比价为1∶6;1397年(洪武三十年),针对逾期纳税,谕户部同意折收金银等,"金一两,十石;银一两,二石",此即金银比价为1∶5。另在1375年(洪武八年)和1426年(宣德元年),明朝官方在货物折价和收缴罚金上的金银比价为1∶4。(叶世昌:《中国金融通史(第一卷):先秦至清鸦片战争时期》,中国金融出版社,2002,表9-13,第437页)

可自行决策,并在决策之后对境内支付和跨境支付都带来巨大影响。

明朝中后期,大航海业已开始,中国日益成为相互连接的网络化世界的一部分。明帝国的白银政变"碰巧"与美洲白银的大开采和大流动相遇,国际贸易和跨境支付随之发生巨大变动。

跨境支付与白银的世界性流动

西罗马帝国于5世纪中叶灭亡后,欧洲大部分地区为"蛮族"所占领,社会经济从以前的较高商业化水平退化至基本自给或半自给状态,社会成员对货币使用和跨境支付的商业性需求大大减少。加洛林王朝(751—887年)初期,查理大帝(768—814年在位)推出一套银币铸造标准,以1磅(时重408克)的银为基本货币单位(后来的英镑、马克和里拉等欧洲国家货币单位皆始自该"加洛林铸币体系")。毫无疑问,创立此铸币体系的用意主要在于满足大宗支付和跨境支付的需要。国王对诸侯和领主的征税显然是大宗支付的主因,而各地教区向梵蒂冈缴纳什一税则是那时重要的跨境支付活动。换言之,在"黑暗世纪"(5—10世纪)的欧洲,货币需求不显著。

10世纪中期后,欧洲出现了一场持续数百年的"商业革命"。① 这场革命有几大表现:(1)前后长达 200 余年的十字军东征(始自 1096 年)以特殊方式复活了欧洲与中东以及更远地区的商业往来;(2)欧洲多地出现大型集市贸易,商人来自众多国家;(3)封建王国和城邦纷纷开始铸币,13 世纪后金币铸造流行开来;(4)面向商业的钱币兑换、信贷和银行活动显著增多;(5)商业组织的法律地位逐渐清晰。

尤其值得一提的是,在法兰西的香槟集市,众多商人来自意大利半岛。为应对商人们之间跨国界的交往并协调处置由此引起的法律纠纷,意大利城邦在境外开设永久性的领事馆,1246 年在香槟地区开办的锡耶纳领事馆即为首例。② 商业的发展推动了欧洲各国对货币和跨境支付需求的加快增长。

有研究者认为,11—15 世纪的欧洲与中东地区的货币格局存在"错位":在 11—13 世纪中叶,欧洲仅铸造银币,阿拉伯-穆斯林地区缺少银材而主要铸造金币和铜钱;13 世纪中叶—15 世纪,在阿拉伯-穆斯林地区,银取代金成为主要通货,而在欧洲,多国始铸金币,金币作为通货的使用范围逐渐扩大。就金银比价而言,欧洲多地见证了金银比价在 12 世纪初至 14

---

① Robert S. Lopez, *The Commercial Revolution of the Middle Ages, 950—1350* (Cambridge: Cambridge University Press, 1976).

② C. 韦尔兰当:《市场与集市》,载 M. M. 波斯坦、H. J. 哈巴库克主编《剑桥欧洲经济史(第三卷):中世纪的经济组织和经济政策》,周荣国、张金秀译,经济科学出版社,2002,第 111-112 页。

世纪初不断上升，约从 8—9 升至 15 上下，但在整个 14 世纪呈下降趋势，至该世纪末回落至 10—11。在阿拉伯-穆斯林地区，金银比价在 7 世纪初至 9 世纪中叶由 10 左右升至 17.3；此后至 1250 年，金银比价在波动中降至 4.8—5.0；此后至 15 世纪初，金银比价在波动中回升至 10 上下。[1] 这些情况表明，早在第二个千年的前半期，金银事实上已在世界几大地区（区域板块）之间流动，而且这些地区不限于欧洲和中东，在蒙古帝国兴起后还触及包括中国在内的东亚。此外，十分清楚的是，在 14 世纪末和 15 世纪初（大航海时代到来之前），金银比价在欧洲与中东之间已出现趋同表现，这意味着金银这两大地区之间的跨境流动性在此时期已达到很高水平。

在全球层面上，16 世纪是大航海时代，17 世纪是欧洲对外殖民扩张时代。在 17 世纪和 18 世纪，南北美洲的西班牙殖民地发现多个大银矿，开采数量不断增多，世界的白银供给因此大大增加。从 15 世纪初至 17 世纪后半期，金银比价在欧洲和欧洲以外许多地区持续上升，并达到 1∶15。该水平后来长时

---

[1] Andrew M. Watson, "Back to Gold — and Silver", *Economic History Review* 20, no.1 (Apr. 1967), Table 1 and 2, pp.23-25 and p.27. 另一研究者汇集欧洲 12 个国家或城市 1200—1350 年金银比价数据，显示的基本趋势（它们的平均水平）是，1200—1250 年基本不变（1∶10），1250—1320 年呈上升趋势（期末至 1∶14），1320—1350 年呈下降趋势（期末至 1∶12），参见 Peter Spufford, *Money and Its Use in Medieval Europe* (Cambridge: Cambridge University Press, 1988), Graph 11, p.272.

期保持基本不变,一直持续至 1873 年,此年后世界上诸多国家陆续转向金本位,金成为世界货币和主流跨境支付工具。

15 世纪末至 19 世纪后半期是全球范围内国际经济关系发生深刻变化的几百年,也是世界范围内货币需求持续增长的时代。金银在此时期同时作为跨境支付工具和国内大宗交易的流通媒介,为有关国家的经济增长和对外贸易扩张提供了有力支持。大航海时期至 19 世纪中期,世界范围内未有大金矿发现,黄金供应主要依靠分散于各国各地区的中小金矿。世界白银的供给迥然不同于黄金。西班牙殖民者统治南北美洲大片地区后,陆续在墨西哥和秘鲁等地发现大银矿,其储量和产量规模远超当地的金矿。经过西班牙人之手,大量白银在 16 世纪至 18 世纪流向世界。数据显示,每 5 年从西属美洲抵达欧洲的白银数量,在 1570—1650 年平均为 5 000 万比索,1650—1730 年平均为 7 000 万比索,1730—1805 年平均为 1 亿比索。[①]

大量白银作为通货流入欧洲国家,引起当地物价上涨,此现象被称为"价格革命"。有学者认为,16 世纪是欧洲历史上的"第二次价格革命",以西属美洲殖民地大量金银流向西欧为导因;18 世纪发生"第三次价格革命",以西属美洲殖民地白

---

① David Hackett Fischer, *The Great Wave: Price Revolutions and the Rhythm of History* (New York: Oxford University Press, 1996), Figure 3.06, p.128.

银再次大规模流向欧洲为导因。① 尤为重要的是，在部分西欧国家，例如英格兰/大不列颠，一般物价上涨幅度超过工资上涨幅度，这就意味着物价超过工资的那些生产要素报酬——土地租金、利息和利润——得到了较快增长，也就是说资本（投资）的回报在"价格革命"时期得到提升，而这促使资本形成和社会储蓄倾向得以增强，并最终促成工业革命的诞生和经济社会的现代化。②

理解西属美洲白银在近代世界经济变化过程中的作用，有两个重要问题。一是，美洲白银流入西班牙后为何未停留在西班牙国内？二是，大量白银从美洲和西班牙流出与中国明清时期白银流入有什么关系？

关于第一个问题，西班牙学者认为，在 16 世纪和 17 世纪，白银在西班牙国内定价偏低，而来自国际社会的需求使得银的国际价格上升（升值），即西班牙银用作国际购买更加合算，由

---

① Fischer, *The Great Wave*, pp.11–65. 此书作者认为欧洲历史上的"第一次价格革命"出现在 12 世纪末至 14 世纪中期，即中世纪欧洲商业革命蓬勃发展之际，以意大利诸城邦铸造金币和银行业开始兴起为标志。

② Earl J. Hamilton, "American treasure and the rise of capitalism, 1500—1700", *Economica*, no. 27 (Nov. 1929): 338–357. 国内学者亦曾积极探讨过金银流动、"价格革命"与近代早期制度变革之间的关系，参见张宇燕、高程：《美洲金银和西方世界的兴起》，中信出版社集团，2016（再版）。

此使得西班牙对外贸易长期逆差,大量白银从西班牙流出。①
关于第二个问题,多位学者提出,正是由于实行银两制度,白银价格在明清中国长期偏高,此意味着中国商品价格和劳动力价格(工资水平)在国际市场上持续偏低(就换算为金价而言),中国对外贸易长期顺差,大量白银流入。②也就是说,第一个问题与第二个问题实际上高度相关。如果没有明清中国参与国际贸易,如果没有西班牙商人以及来自其他国家的商人自16世纪前半期以来开辟和发展太平洋贸易线路(西班牙于此时期占领菲律宾,此后明清中国与菲律宾以及经由菲律宾与包括西班牙在内的欧洲多国发生大量贸易往来),那么,大航海时代以来的经济全球化便至少在地理覆盖范围上无法实现全球化,西班牙白银的国内外价差就不会那么明显和突出,白银的世界流动规模便会因此缩小。而且,缺少了来自明清中国对白银的持续强劲需求,西班牙王国的财政体系或会遭遇更多更大的危机。从另一个角度看,一方面,明清王朝的白银需求客观上支持了西班牙殖民帝国的持续经营;另一方面,西班牙殖民帝国向外源源不断地供应白银亦为明清王朝提供了支持,使之避免

---

① Gabriel Tortella and José Luis Garcia Ruiz, *Spanish Money and Banking: A History* (London: Palgrave Macmillan, 2013), p.2 and pp.6-9.

② 此观点的代表性论著有,贡德·弗兰克:《白银资本:重视经济全球化中的东方》,刘北成译,中央编译出版社,2005;Dennis O. Flynn and Arturo Giráldez, *China and the Birth of Globalization in the 16th Century* (Farnham: Ashgate, 2010).

过早陷入银根短缺和通货紧缩的困境。

从上面关于16世纪以来世界范围内白银流动的概述可得到两点启示。一是明清中国和西班牙是中世纪晚期以来世界两大"银帝国";二是该两大"银帝国"间出现了大量跨境货币流动,各自在政治体制上仍如旧式的中心化的帝国体系,但在经济和货币事务上随着不断增加的对外开放而成为一个更大的分散化的国际网络体系的组成部分。

此处"一个更大的分散化的国际网络体系"指19世纪在世界范围出现的金银复本位制体系以及19世纪最后30年出现的诸多国家转向金本位制的国际潮流。

金本位制为何胜出?

金本位制是一套关于金币铸造标准、金币与纸钞(银行券)的可兑换以及金条金块跨境流动的法律和政策规定及其实践的总称。就经典的金币本位制而言(其不同于金条本位制或金汇兑制),实行该制度的国家以法令形式确定本币的含金量(金平价),按此标准铸造金币(硬币);同时,本国政府和金融机构所发行的纸钞(银行券)均须与金币可兑换;此外,本币与外币自由兑换,兑换比率参照其金平价并依市场供求而变动;最后,本国金币可随时投入熔炉制成金条金块并被带出国境,反之亦然。以英镑为例，1816—1914 年，1 英镑的金含量为 7.322 38 克或 0.235 42 盎司，皇家铸币厂照此标准铸制金镑（索维林），此为英国（联合王国）的基本货币单位（计价单位）；英格兰银行与境内其他银行所发行的纸钞（银行券）皆与金镑有互兑性；金镑及金条金块皆可被携带出境；皇家铸币厂接受民间委托铸制金镑，实行开放式的铸币制度（放弃铸币税收益，仅收取服务费）。1816 年通常被视为英国正式实行金本位制的起始之年，虽然英格兰银行迟至 1821 年才完全恢复其银行券与金镑的可兑换。

但是，1816 年并非金本位制在英国从天而降之时。此前，英格兰/大不列颠早已通行金银复本位制，实际上，在该国，金的货币地位是逐渐上升的，银的货币地位则是逐渐下降的。在中世纪，英格兰与欧洲大陆多个国家一样，主要流通银币，偶有铸造和使用金币。中世纪中期以来，欧洲最早铸造金币的国家（城邦）是热那亚和佛罗伦萨，始于 1252 年，两国分别铸造格诺维诺金币和弗罗林金币。紧随其后的是威尼斯，1284 年始铸金币杜卡特，直至 1840 年。英格兰和法兰西在 14 世纪中叶后亦铸金币，英格兰金币为诺布尔（noble），法兰西金币为埃居（écu），但仅持续了 100 年左右就停铸。[①] 中世纪晚期至

---

① Spufford, *Money and Its Use in Medieval Europe*, Table 6, p. 322.

近代早期，与欧洲大陆国家一样，英格兰铸币以银币为主。

在"光荣革命"前的 1663 年，英格兰已是一个航海和殖民大国，此年始铸金币基尼（guinea），该名得自非洲当时的重要产金地之一几内亚。最早一批基尼铸币含金 1/4 盎司，定价为 1 英镑（20 先令）。但到 1717 年艾萨克·牛顿（1643—1727 年）执掌皇家造币厂之时，他决定 1 基尼等于 21 先令，这就意味着英镑和银皆对金贬值。依照牛顿的决定，1 英镑的金银平价分别为 7.322 38 克（0.235 42 盎司）和 111.4 克（3.58 盎司），此意味着金银比价在大不列颠为 1∶15.2，略高于当时欧洲大陆的市场行情（1∶15）。[1] 在 18 世纪其余时间，金源源不断地流入大不列颠，其境内的各种银币则磨损不堪。高品相的银币几乎完全从市面上消失，它们很可能被持有人熔化并输往国外去卖个好价钱。有经济史学家认为，英国此时已经成为事实上的实行金本位制的国家，但从该国此时期仍在实行限制现金（硬币）跨境流动的情况来看，其显然尚未达到金本位制的要求。一个重要事实是，大不列颠在 18 世纪禁止本国硬币出口及用于对外支付，此政策甚至延伸至其北美殖民地。在《独立宣言》起草人之一本杰明·富兰克林（1706—1790 年）看来，大不列颠限

---

[1] 查尔斯·P. 金德尔伯格：《西欧金融史》，徐子健等译，中国金融出版社，2007，第 69 页。

制硬币出口的政策是导致北美独立革命的重要因素，因为该政策妨碍了北美英属殖民地获得充足的货币（硬币）供给，极不利于当地经济增长。① 如前所述，英国（联合王国）1816年通过的新法律开始放弃对硬币（金镑）跨境流动的限制。

在大不列颠，银的法偿性地位于1774年被取消，该年后凡数额超过25英镑以上的交易，接受方可拒收银币或银票。银的货币地位日益降至辅币。1816年法律要求降低银币的成色，而其面值却保持不变，此举意味着银币作为辅币已是不足值的硬币，铸币厂可从银币铸造中获取铸币税。② 1844年英国议会通过"银行法"，规定英格兰银行的发行部（负责纸钞发行的部门）必须保持固定数额的黄金储备，银在储备总额中的占比则不超过1/5。这从法律角度强化了英国的金本位制，银仅发挥补充性、辅助性的货币作用。

英国转向金本位制如果从1717年牛顿关于英镑的金银定价算起，至1820年前后推出金镑并恢复英镑纸钞的可兑换性，前后用了100余年时间。在这100余年以及随后的几十年中，一方面，金银比价在英国国内以及世界市场上保持基本稳定，这

---

① 乔纳森·休斯、路易斯·凯恩：《美国经济史》，杨宇光等译，格致出版社，2013，第60–62页。该书也指出，大不列颠在18世纪的政策未限制金银条块的跨境流动，但重商主义的倾向使其总是希望金银条块的进口多于出口。

② 金德尔伯格：《西欧金融史》，第70页。

意味着英国转向金本位制对国际金银比价没有带来任何显著影响;另一方面,世界上没有第二个国家在此时期像英国一样转变为金本位制,该时期英国在此领域实为"孤独的前行者"。

关于金银比价,目前可见的最长连续时间序列的数据始于1687年("光荣革命"前一年),为伦敦市场上的金银交换价格。① 1687—1873年,金银比价年度变动率仅在两个年份(1762年和1814年)超过5%,超过2%的年份亦仅有13个。简言之,在这187年中,金银比价保持了显著的稳定性,英格兰/大不列颠/联合王国的种种作为对此未带来任何大影响。不仅如此,前面提到的两大"银帝国"——明清中国和西班牙殖民帝国——在银需求和银供给方面的任何作为实际上也未对国际金银比价带来显著影响。从国际经济分析的角度看,可以认为,在国际金银比价上,此时期的英国、明清中国和西班牙殖民帝国都是一个"小国",它们皆无力独自改变国际金银比价,都在一定程度上成了国际金银比价的接受者。从更深层次看,这实际上意味着,17世纪以来全球层面已出现金银跨境流动的国际网络体系,在该体系中,金银的跨境流动性不断升高;随着该体系中金银作为跨境支付工具的贸易规模的不断扩大,早先的大型帝

---

① Lawrence H. Officer and Samuel H. Williamson, "The Price of Gold, 1257—2014", MeasuringWorth, 2019;亦参见贺力平:《中外历史上金银比价变动趋势及其宏观经济意义》,《社会科学战线》2019年第12期,图,第46页。

国——明清中国和西班牙殖民帝国等——都变成了此网络体系中的组成部分，它们作为独立中心的作用事实上趋于下降。

关于金银复本位制下金银比价的稳定性，研究者们给出的解释是，在一个金银可充分跨境流动的市场环境中，金银比价在任一地方出现任何一点小变化，都会引起金银供求的相应变化，从而促使金银比价自动恢复到其早先的均衡水平。[1]例如，银价在某个地方由于某种缘故而出现一点上升，银的供给很快会增加，从银价较低的地方流向银价较高的地方，或者从银供给较多的地方流向银供给较少的地方，最终使得银价上涨地方的银价回落至原有水平。简言之，国际市场上金银比价的稳定性依赖于金银在世界各地和各国之间的高度跨境流动性，任何一个地方或国家都不具备改变金银比价的能力。从另一个角度看，金银比价在近代世界的长期稳定也意味着银价虽然低于金价，但银币并非劣币，货币经济学文献中常说的"劣币驱逐良币"的格雷欣法则在此处并不适用。

但是，金银比价保持不变的局面在世界上通行一百多年后，于1873年开始改变，此后国际社会目睹了持续性的"金升银降"。1850—1914年，众多国家陆续转向金本位制。一战后到

---

[1] 彼得·伯恩霍尔兹、汉斯·格斯巴彻：《格雷欣法则：理论》，载彼得·纽曼、默里·米尔盖特、约翰·伊特韦尔主编《新帕尔格雷夫货币金融大辞典》第二卷，经济科学出版社，2000，第278-280页。

二战前，许多国家恢复实行因大战而停运的金本位制。1935年中国实行法币制度后，世界再无任何大国实行银本位制或金银复本位制。

1873年以前，世界上仅有3个国家效法英国实行金本位制，其为英属殖民地澳大利亚（1852年）、加拿大（1853年）和一直与英国保持紧密安全关系的葡萄牙（1854年）。① 但这3个国家转向金本位制对国际金银比价没有任何显著影响，和当时的英国一样。给国际金银比价走势带来重大影响的是德意志帝国和美国于1873年"不约而同地"转向金本位制。德意志帝国的人口数量超过英法，国内生产总值正在快速追赶英国，而美国国内生产总值当年已经超过英国并正在成为世界第一大经济体。此外，在1873年，北欧3国（瑞典、挪威和丹麦）也分别决定实行金本位制，它们虽是人口和经济指标上的小国，但在欧洲具有显著的文化影响力。至1878年，欧洲的荷兰、比利时、法兰西和瑞士先后转向金本位制，其中比利时、法兰西和瑞士还是"拉丁货币联盟"的成员国。

拉丁货币联盟的初衷是统一银币的国际标准并巩固银的国际货币地位。该联盟由拿破仑三世（1852—1870年为法兰西帝

---

① Christopher M. Meissner, "A New World Order: Explaining the Emergence of the Classical Gold Standard, 1870—1913", *Journal of International Economics* 66, no. 2 (Jul. 2005), Table 1, p.398.

国皇帝）于 1865 年提议创建，初始成员国有法兰西、比利时、瑞士和意大利，宗旨是各国统一规范铸币（银币）标准，防止因铸币标准（成色和含银量）的差别而引起银币和金银条块在各国之间频繁流动。法兰西是当时欧洲大陆最大经济体，拿破仑三世希望在国际货币事务上发挥主导作用，力图让更多的欧洲国家都参加该联盟。当时正与法兰西处于竞争关系的普鲁士和奥匈帝国对此表现冷淡，早已转为金本位制的英国更是毫无兴趣。但拉丁货币联盟于 1868 年吸收西班牙和希腊加入，成为当时颇具国际影响力的国际货币合作机构。1871 年普法战争后，法国向德意志帝国支付巨额战争赔款，后者很快转向金本位制，而这也推动法国加快步伐转变为金本位制。于是，拉丁货币联盟后来名存实亡。换言之，拉丁货币联盟既未能挽救金银复本位制，也未能阻止金本位制的扩散。

需要说明的是，1873 年并非美国转向金本位制的"决定性的"一年。美国转向金本位制实际上也是一个过程，且相当漫长。美利坚合众国成立之初，国会仅规定了美元的银含量（375 格令或 24.3 克），此为银本位制的特征。1834 年美国国会通过"硬币法"，同时规定美元的金平价和银平价，由此在美国确立了金银复本位制。1873 年通过的新"铸币法"规定，官方铸币厂不再接受民间银块以铸造银币。此规定虽然没有改变以前铸造的银币的货币地位，但大大减少了此后一段时间内对银的铸币需求，使得美国境内流动的铸币渐渐以美元金币（以及与金币挂钩的美元纸钞）为主。作为对银币主张者的一个让步，1875年通过的立法允许新铸25美分的银币，并赋予此币以法偿性地位（限于不超过5美元的支付额），但1878年的另一立法取消了旧法，银币再次被停铸。最后，美国国会于1900年通过"金本位法"，规定美元由纯度9成、重25.8格令（1.67克）的金构成，美国境内所有的公私债务清偿和对外支付皆通过该价值单位（"美金"）进行，至此，美元彻底与银脱钩。可见，美国转向金本位制的过程，时间上短于英国，曲折却多于英国。

19世纪末至20世纪初，世界范围内金本位制普及进程的几个标志性事件是：（1）两大后起的列强沙皇俄国和日本于1897年同时转向金本位制，两国此举的主要目的是稳定汇率和吸引国际资金流入；（2）在欧洲大陆，奥匈帝国于1902年加入金本位制行列，此前另一欧洲大国意大利已于1884年实行金本位制；（3）在第三世界，奥斯曼帝国于1880年、英属印度于1899年、巴西于1906年决定采用金本位制（墨西哥此时期也有类似举动）。至20世纪初，占全球人口和经济规模三分之二的国家和地区皆实行金本位制，继续实行银本位制或银两货币制度的大国仅剩下晚清中国、西班牙、波斯（今伊朗）和荷属印度尼西亚。

19世纪最后30年至20世纪初世界范围内出现的金本位制

普及浪潮与 20 世纪后半期的布雷顿森林体系有很大不同，前者是一个自发的、既无胁迫亦无协调的市场过程，后者则是一个经过多边协商并由国际条约加以界定的政府决策。各国转向金本位制，几乎无一例外都是出自单边决策，它们的行动有前有后，具体的方式方法也互不相同。问题是，19 世纪最后 30 年至 20 世纪初，为何世界上有如此众多的国家自愿放弃传统的银本位制或金银复本位制并转向金本位制呢？

三大因素在转向金本位制的国际潮流中发挥了重要作用。

第一，英国自实行金本位制以来的经济增长业绩为国际社会提供了一个良好示范效应。统计数据显示，1720—1860 年，英国出口年均增长率达到 2.95%，同时世界贸易年均增长 1.92%。[1] 也就是说，在这 140 年时间中，英国速度显著高于世界速度。至 19 世纪中期，英国已确立世界工业强国和第一大贸易国的地位，其金本位制被认为是促进工业和贸易发展的有利因素。德意志帝国以英国为标杆，在获得一大笔国际转移支付（战争赔款）后决定效法英国，实行金本位制。

第二，19 世纪后半期以来，世界各国更加重视对外贸易发

---

[1] 1720—1860 年英国出口指数来自 Angus Maddison, *Phases of Capitalist Development* (New York: Oxford University Press, 1982), Table F2, p.247；1720—1860 年世界贸易分时段增长率来自 W.W.Rostow, *The World Economy: History and Prospect* (Austin: University of Texas Press, 1978), Table Ⅱ-7, p.67（1.92% 的增长率是 1720—1860 年 4 个时段增长率的加权平均）。

展,主要出于稳定汇率和发展贸易的目的而转向金本位制。如前指出,1873年后国际市场出现"金升银降"趋势;不仅如此,国际市场上金银比价开始剧烈波动。1873—1913年,有14个年份的金银比价变动率绝对值超过5%,8个年份的变动率绝对值为两位数。金银比价是决定该时期银本位制和金银复本位制国家的货币与金本位制国家的货币之间汇率的基本因素。换言之,金银比价波动意味着这些国家货币汇率相应发生波动。随着越来越多的国家和地区转向金本位制,尤其一些大型经济体转向金本位制,前述传统的金银比价自动均衡或均衡修复的机制不再有效,因为银不再是国际社会货币需求的主体或主体之一。一方面对银作为货币的国际需求越来越小,另一方面银作为国际市场上的大宗商品却对各种信息具有很高的敏感性,再加上该时期各国在宏观经济政策和货币事务上缺少沟通协商,银价也就因此而有更大的波动性。显然,银价的高波动性给那些仍在实行银本位制或金银复本位制的国家带来了巨大压力,它们力图通过转向金本位制而摆脱汇率不稳的困境。

第三,网络效应凸显。撇开汇率稳定性或波动性问题不论,如果承认金银作为跨境支付工具有着不同的交易成本和交易便利,贸易伙伴的货币制度环境便会影响本国的货币体制选择。简单设想一下,一个金本位制国家与另一个金本位制国家的相互贸易仅有很低的交易成本,一个银本位制国家与另一个银本位制国家的相互贸易同样如此，但一个银本位制国家（或金银复本位制国家）与一个金本位制国家的相互贸易却会面临显著的交易成本。显然，对任一国家来说，货币制度选择的关键因素是其贸易伙伴中有多少为金本位制或银本位制的国家。当然，这不仅指国家的数目，更重要的参数是贸易伙伴的经济重要性，例如国内生产总值和进出口总额等。在国际经济中已实行金本位制的国家是那些经济和贸易体量都很大的国家且其占世界贸易主导地位的环境中，对那些想与之发展贸易关系的国家来说，选择金本位制毫无疑问优于选择银本位制。这是网络效应的表现，也可以说是网络外部性效应的表现。①

以历史眼光看，19 世纪末金本位制的普及，可以说是跨境支付发展中新的"网络体系"对旧的"帝国体系"的胜利，是追赶者对领先者的模仿以及网络外部性效应不断凸显的结果。所谓新的"网络体系"，并非完全无中心的分散的体系，而是一个由经济体量大小不一、经济活跃度高低不同以及经济政策导向互有差别的诸多国家构成的松散体系。在该体系中，领先者、活跃者和经济规模较大者发挥重要作用，而一些经济规模较小者或活跃程度较低者则主要扮演适应性角色。

---

① Christopher M. Meissner, "A New World Order: Explaining the Emergence of the Classical Gold Standard, 1870—1913", *Journal of International Economics* 66, no. 2 (Jul. 2005): 385–406.

金本位制的普及以及伴随金本位制而发展起来的非现金多边支付体系,促进了国际贸易和跨境支付的不断增长,为 19 世纪以来的世界经济增长做出了巨大贡献。

多边跨境支付的兴起

欧洲历史学者认为,18 世纪是个"漫长的"世纪,起点是 1688 年的"光荣革命",终点是 1815 年拿破仑战争结束,贯穿这 128 年的主题一直是英法在欧洲和世界舞台上的争斗,其中有 64 年两国处于交战状态。[①]"光荣革命"后不久,英法爆发"九年战争",起因是法兰西不承认荷兰人威廉当上英格兰国王具有合法性。之后,在西班牙王位继承战(1701—1714 年)和奥地利王位继承战(1740—1748 年)以及"七年战争"(1756—1763 年)中,英法总是站在对立面,常常大动干戈。尤其在"七年战争"中,英法陆军和海军的战场遍及欧洲、亚洲、美洲以及大西洋、印度洋和地中海。至 18 世纪末,英国虽然失去了北美 13 个殖民地,但还是与法兰西和西班牙一样成了全球性殖民大国。

[①] 罗纳德·芬得利、凯文·奥罗克:《强权与富足:第二个千年的贸易、战争和世界经济》,华建光译,中信出版社,2012,第 274 页。

19世纪初,这三大殖民帝国之间发生了一桩大规模的多边跨境支付事例。这场多边跨境支付起因于法西两国政府间的债务清偿,其完成却仰仗于私人银行家的运筹帷幄和国际网络体系的协助。

在拿破仑战争期间,沦为拿破仑帝国附庸国的西班牙须向法兰西支付债务款项。至1804年9月,西班牙对法兰西的欠款多达2 200万法郎,拿破仑于是向西班牙施压。一位名叫加布里埃尔·乌夫拉尔(1770—1846年)的法兰西商人兼金融家自告奋勇向法皇建议,由其代表法兰西前往西班牙催收债款。得到授权后,乌夫拉尔策划了一场大型多边跨境支付运作。

在正式运作前,他低价在法兰西收购粮食并加价转卖给西班牙,由此获得急需粮食的西班牙政府的信任。接受西班牙政府委托后,乌夫拉尔启动其大运作。第一步,前往墨西哥,获得当地出产银块的产权代理并安排外运计划。第二步,联系英国皇家海军,请求后者解除对西班牙-墨西哥运银船只的封锁,许诺以贵金属回报并因此得到皇家海军的护航服务。第三步,大批银块运往当时仍属法兰西的路易斯安那州新奥尔良市,经由此地再运至美国的纽约。第四步,乌夫拉尔与荷兰一家私人银行达成协议,由后者在纽约的代理商负责接收到达的银块(当时美国实行银本位制)。第五步,即最后一步,荷兰私人银行在阿姆斯特丹和巴黎向法兰西政府开出汇票,数额即为西班牙政府对法兰西的欠款。至此，乌夫拉尔同时完成了对拿破仑政府和西班牙政府的承诺，双方均感满意。①

该事例表明，一场本来为双边跨境支付的不可能事项转换成了多边跨境支付的可能事项。该事例中双边跨境支付的"不可能"在于，西班牙政府当时手头没有足够现金向法国支付，而且西班牙政府没有把握能够请求解除英国皇家海军的海上封锁。而多边跨境支付的"可能"在于，法兰西商人能够运用他的国际商业网资源，安排大笔现金辗转跨境，最终抵达其目的地。在整个过程中，官方的、半官方的和私人之间的沟通协调无处不在，各个方面都发挥了积极作用。可以说，网络的作用跨越了殖民帝国的边界。

---

① 乔治·勒费弗尔：《拿破仑时代（上卷）》，河北师大翻译组译，商务印书馆，1985，第 228-231 页；金德尔伯格：《西欧金融史》，第 252-253 页。

第三章
银行与非现金跨境支付工具的发展

货币被发明后很快成为国内支付和跨境支付的基本工具。在国内支付，尤其在社区范围内的零售支付中，铸币（硬币）发挥主导作用；而在大宗交易和跨境支付中，金银条块不可或缺。历史上，人们将所有的铸币和充当支付手段的金银条块统称为"现金"，即具有"内在价值"（intrinsic value）并被普遍接受的交易媒介，金银铜钱皆在其中。近代以前，世界各国通行金属铸币制度（中国宋金元朝代还发行过纸币）。铸币与物品的交换在世界各地的人民看来都是价值与价值的交换，即一个价值物与另一个价值物的交换，在交换中通行等价交换原则，交易者都会确保自己的利益不受侵害或遭受损失。

19世纪以来，纸钞（银行券）在世界多国流行开来。由于纸钞与铸币之间有着等价互换关系，人们亦将其归入现金。在当代，现金指一国主权政府发行和认可且在本国范围内具有最高流动性的支付工具。现金的主要特点是：（1）充当计价单位；

(2)由一组面额大小不一的硬币和纸钞组成,可满足普通社会成员日常消费的基本支付需要;(3)纸钞硬币的面额固定,无使用期限;(4)纸钞虽有编号,但与硬币一样,无须使用人或持有人签名,具有匿名性;(5)交易、支付或换手通常仅在当事人双方之间进行,无须第三方认证。

现金的普及极大地便利了日常交易。但是,不管是铸币还是纸钞,其在大宗交易和跨境支付中有着诸多不便。首先,现金面额固定,常不适合大额交易,包括国内大额交易和国际大额交易,因为大额交易要求支付工具的面额随需要而定。其次,现金不适合长途旅行和远距离传送,携带成本高,丢失风险大。最后,现金的管理成本高,大型组织(包括政府、宗教团体和工商企业等)在收到大量现金之后和支出现金之前,往往需要反复计数并为现金保管投入大量人力和物力。正是由于现金在大宗交易、远距离传送和跨境支付中存在诸多局限,人们很早就开始寻求非现金支付工具。

技术、信用、机构和法律是影响非现金支付工具发展的重要因素。这些因素相关的问题在现金发行和使用中已经存在。例如,使用什么样的技术铸造硬币或印制纸钞以更有效地为公众所接受并防止假冒?硬币铸造者是否以及在多大程度上担保硬币的成色以取得公众的信任?是否组建专门机构负责硬币和纸钞的发行、回收和可兑换事务以使之具有持续经营的可行性？是否通过专门法律规定硬币和纸钞的法偿地位以减少支付纠纷？等等。自古以来，铸币多为一国主权事务，围绕铸币的信用、机构和法律等问题亦多属于"国家事务"或"政权事务"，无不体现一定的政治体制下当政者的政策意图、利益倾向和治理方式。既然铸币为国内事务，其所涉及的信用、机构和法律问题亦主要限于一国范围并主要关乎本国当局，而这就有别于跨境支付。跨境支付中非现金支付工具所涉及的信用、机构和法律问题超越国界，其解决方案往往要求遵循特殊的路径和方法。第二章所述"中心化的体系"和"分散化的网络体系"原理特别适用于跨境支付的非现金支付工具的运用问题。

在中国历史上，已知最早的非现金支付事例是出现于唐朝的"飞钱"，其甚至可以说是一切非现金支付工具的历史先例。在欧洲，中世纪中期出现的圣殿骑士团或可说是世界历史上第一家大型跨国金融组织，其提供的跨境支付服务是现代闭环模式的发轫。在圣殿骑士团被镇压后，取而代之的金融机构是依附教皇势力的意大利美第奇银行以及其他意大利私人银行。中世纪中期后，银行在欧洲成为非现金支付和跨境支付服务的主导机构，汇票则成为跨境支付中流行的非现金支付工具。近代以来，随着国际贸易大发展，代理行制度成为跨境支付服务的组织基础。

唐朝"飞钱"与汇票的关系

知名学者彭信威和叶世昌等认为"飞钱"是唐朝发明的汇兑。以现代眼光看,"飞钱"是一种远距离传送现金或安排现金异地兑付的方式;它运行于唐朝首都与几个省份之间,虽不属于跨境支付,但因其涉及非现金支付或汇兑,值得特别关注。"飞钱"的含义是,当外地商人需要向京师(首都)输送钱款时,在出发地与经办人签署钱款代理协议,然后只身进京,凭一纸证书在京城取出钱款(汇款),钱从外地"飞"到京师。

记述"飞钱"的史籍并不多见,其讲述亦简略。《新唐书·食货志》说,唐宪宗(806—820年在位)时,"商贾至京师,委钱诸道进奏院及诸军、诸使富家,以轻装趋四方,合券乃取之,号飞钱"。此话有三处值得注意,第一,商人是"飞钱"服务的委托方(客户);第二,受托方("飞钱"的经营者)是诸州驻京师的进奏院,类似今天各地省市机关和大机构的驻京办,以及一些军政大员的家属或关系户;第三,使用"合券"方式。"合券"在春秋时期已出现,当时为一种复式借贷契约,用于一笔贷款在发放和归还时的对账,《史记·孟尝君传》有提及。此外,不用说,在唐朝,"飞钱"是一种商业性服务,用户需要向经营者付费。

唐中期官员兼文人赵璘的著作《因话录》(卷六)说:"有

土髕产于外，得钱数百缗。惧川途之难赍也，祈所知纳于公藏，而持牒以归，世所谓便换者，置之衣囊。"这里提到的"外"很可能指临近边界的地区，不一定是境外，因为交易所得显然是（唐）钱。毫无疑问，此处描述的"便换"纯为民间业务，不涉及官府或有官方背景的人士。同样清楚的是，"便换"与"飞钱"实为相同事物，皆为受托人向委托人（客户）提供远距离传送钱款的服务，客户通过此服务可省去随身携带现金的不便。

由于对"飞钱"和"便换"在当时社会中的具体使用情况知之甚少，现在尚无法判断它们的准确属性，国内外学者对其与纸钞或票据的关系皆有诸多议论。[①] 如果将"汇兑"理解为一种货币单位转换为另一种货币单位，或者将"支付"理解为一方向另一方的给付或清偿，"飞钱"或"便换"显然既不是汇兑也不是支付，因为在二者中，在交易的起点和终点上，货币单位没有任何变化，付款人和收款人亦为同一人（人们一般不会说"自己对自己进行支付"）。而且，可以认为"飞钱"和"便换"皆是不可转让的签名证书，很可能亦有期限，因而不同于可转让的票据或不记名、无期限的纸钞。

但是，"飞钱"和"便换"仍具有重要意义。首先，它们是钱款（现金）的记名纸质证书，具备现代票据（汇票）的若干特征。

---

① 国外学者意见可见威廉·戈兹曼：《千年金融史：金融如何塑造文明，从5000年前到21世纪》，张亚光、熊金武译，中信出版社，2017，第134页。

可以推测，"飞钱"或"便换"至少包含如下重要信息：金额、持票人（所有者）姓名、开票日期、承兑方、兑现条件等。理论上，钱款的纸质证书可以转让或用于抵押。就此而论，钱款纸质证书的出现本身就是一大创新。其次，"飞钱"是一种钱款的异地存取安排，汇款人与取款人为同一人但不在同一地方，其主要目的是交税（此是"飞钱"不同于"便换"之处）。就此而言，即便"飞钱"本身非支付工具，但不可否认其是为远距离支付提供便利的工具。再次，"飞钱"和"便换"的服务对象是商人，显示其具有商业可行性。最后，不用说，"飞钱"和"便换"对三百年后宋朝的纸币发行以及一千年后中国晚清时期的票号经营具有启示。

为何唐朝发明了"飞钱"和"便换"？显然有几个相关因素。第一，唐朝中国是当时世界的技术领先国。在唐朝，造纸术早已普及，雕版印刷术亦投入运用，加上西域引进的印章技术，纸质证书的技术困难已解决。第二，唐朝中国在钱币上已摆脱传统的称重观念，钱币概念已有进步。唐以前，流行的钱币名称为半两（秦）或五铢（汉），皆表示重量。唐初推出的新铜钱"开元通宝"，冠名与重量无关。这显然是一个重要变动，国内外研究者对此都极为重视。[①] 或可认为，"宝"字体现了铸造者对钱币

[①] 彭信威：《中国货币史》，上海人民出版社，2007，第214页；凯瑟琳·伊格尔顿、乔纳森·威廉姆斯：《钱的历史》，徐剑译，中央编译出版社，2011，第154页（此处认为"开元"二字表示发行日期，但当时并非开元时期，参见石俊志：《中国货币法制史概论》，中国金融出版社，2012，第165页）。

价值的重视（此字为后来历朝中国统治者铸币或印钞所沿用），"通"字则体现了对钱币作为交易媒介作用的认识。这是古代中国统治者钱币观念的一个提升，其对民间社会钱币使用者的观念创新亦有一定帮助。第三，唐朝赋税政策在中后期出现重大变动，开征货币税后钱币的远距离运输成为问题。唐初实行实物税，通行的"租庸调"分别针对粮食、工役和布帛，基本不用钱币（尽管布帛有时在局部范围或程度上用作支付工具或交易媒介）。安史之乱后，唐代宗于766年（大历元年）下诏，凡天下苗一亩须缴税15钱，此为唐朝货币税之始。780年（建中元年），朝廷宣布实行"两税法"，夏征户税，秋收地税，实物和货币皆为支付工具。唐朝统治者此时期推行赋税货币化，似忽略了如何处置税钱转运的问题。唐朝疆域辽阔，其钱币的价值却十分微小，税钱转运和收缴显然面临极高的运输成本。① 第四，毋庸赘述，唐朝有过繁荣的民间商业，至少在部分时期是繁荣的。第五，信用关系存在于"飞钱"和"便换"的经营者之间。这些经营者没有组建专门经营机构，也不受商法的约

---

① 研究者认为，"飞钱"的使用者多为江浙一带的官榷商人，即获得官方授权并享有经营特权的茶酒商人（王纪洁：《唐代"飞钱"若干问题考证》，《武汉金融》2015年第12期，第40页），其中当然包括盐商，后者当时在江浙一带的经营一年可得盐税多达100万缗（钱穆：《中国经济史》，北京联合出版公司，2014，第213页）。按一枚开元通宝重4克计算，100万缗盐税钱款合计重达400万千克或4 000吨；若从长江下游递解至京师长安，搬运距离至少1 000千米。

束（唐朝如其他朝代一样缺少专门的商法），但他们之间有着个人信用。

在唐朝发明"飞钱"和"便换"时，欧洲尚处于"黑暗时代"，而西亚北非正处于政教合一的阿拉伯-穆斯林政权的统治下。遗憾的是，"飞钱"和"便换"没有延续下来。"飞钱"经营开始后的几年，唐宪宗于812年（元和七年）下令，由户部、度支、盐铁三司统一经营"飞钱"，实际等于将此业务收归官营。9年后，唐穆宗于821年（长庆元年）下令禁止所有"飞钱"和"便换"，彻底抹去了该事物在中国的存在。唐朝为何采取如此极端的措施？此与恢复实物税有关。此前一年，即820年（元和十五年），户部尚书（财政主管）建言，"今宜使天下两税、榷酒、盐利、上供及留州、送使钱，悉输以布帛谷粟……"据此，朝廷很快恢复了实物税征收政策，仅仅保留盐酒货币税，因为该税被认为"本以榷率计钱"（《新唐书·食货志》），即原本就是从价税。实物税阻断了经济的货币化进程，也使得非现金支付工具的早期发展成就在中国出现断裂。①

---

① 严格地说，唐朝"飞钱"和"便换"的做法在很大程度上为宋朝继承，北宋和南朝皆有官营"汇兑"，民间亦不时有"交引"活动。但是，即便同为宋朝，不仅南北两朝的具体做法有重要差别，而且同朝的政策也常"朝令夕改"，缺少连贯性。参见叶世昌：《中国金融通史（第一卷）：先秦至清鸦片战争时期》，中国金融出版社，2002，第234-237页及第305-307页。

作为闭环模式经营者的圣殿骑士团

圣殿骑士团是十字军东征期间在欧洲兴起的跨国性宗教团体，与之齐名的另两个基督教组织是条顿骑士团和医疗骑士团。圣殿骑士团始建于 1119 年，总部设立在耶路撒冷的圣山（Temple Mount）。1187 年耶路撒冷被穆斯林占领后，圣殿骑士团总部一度移至塞浦路斯。1291 年穆斯林军队逼近圣城后，圣殿骑士团永久性地撤离，迁往巴黎附近的一座城堡。

近年来一些金融史学者给予了圣殿骑士团很高的评价，认为该组织至 14 世纪初已发展成为欧洲首屈一指的大型金融中介组织，其向诸多"客户"——欧洲各地的王国、国王家族、诸侯贵族、教皇甚至商人等——提供多样化的金融服务，"从转移系统到账户记录，再到保管功能，最后到财产所有权的契约安排以及财产收益率的安排，可以说圣殿骑士金融安排的复杂性是欧洲首个资本市场发展的重要前奏"[1]。研究者还特别将之与唐朝的"飞钱"相比拟，认为前者的异地存取财物系统是"欧洲版的飞钱"[2]。

---

[1] 威廉·戈兹曼：《千年金融史：金融如何塑造文明，从5000年前到21世纪》，张亚光、熊金武译，中信出版社，2017，第 156 页。

[2] 同上书，第 155 页。

依据历史学者的描述,圣殿骑士团至少从事了两种与跨境支付密切相关的活动。一是给跨国旅行者提供钱财转移服务,后者可在欧洲某国某地存入一笔资金或财物,在千里之外的另一国另一地取出,恰如唐朝中国境内的"飞钱"。在此事上,圣殿骑士团与"飞钱"的不同之处在于前者是充分意义上的跨境经营。二是圣殿骑士团代理教皇的跨境财政收支业务。关于此事,有一段描述说,"1240年,教皇格列高利九世运用骑士团的法兰西分团做了非常复杂的安排,以帮助他偿清债务:教廷在苏格兰、爱尔兰和英格兰征收的金钱通过圣殿骑士团的法兰西分团周转;教皇的债权人可以拿着教廷发放的信用证去找巴黎的圣殿骑士团,换取罗马教廷欠他们的款项"[1]。此处提到的"信用证"不是现代意义上的、标准格式的担保证书或取款通知书,而更像是一种支付委托书,即以书面形式告知接受方(圣殿骑士团)向持信人(教皇的债权人)支付一定数额的钱款,该笔资金的来源既可能是教皇在圣殿骑士团的存款或委托其保管的钱财,也可能是教皇会在未来给予骑士团的存款或赠款。无论如何,该"信用证"签发地点在意大利半岛的罗马城,支付地点却是法兰西的巴黎,而且签发人与受付

---

[1] 丹·琼斯:《圣殿骑士团》,陆大鹏、刘晓晖译,社会科学文献出版社,2020,第278页。

人（收款人）不为同一人，这种跨越国界并且至少涉及三方的支付过程，其意义超出了简单的仅涉及交易两方的异地存取安排。

以当代观点看，圣殿骑士团的跨境支付服务属于闭环模式，即该组织通过它在有关国家和地区设立的分支机构安排资金跨境流动，在此模式中，该组织不需要与外部机构发生资金往来关系。例如，一笔资金从法兰西转移到意大利半岛或更远的地方，只需动用圣殿骑士团在法兰西、意大利以及所涉及的任何第三国的分支机构（"分团"）和它们在沿线的网点进行传送便可完成，不必借助任何其他机构的资源。简言之，圣殿骑士团是一个自成一体的、拥有众多跨国分支机构的大型组织，该组织可独自承担和完成跨境支付服务。

为何圣殿骑士团能够发展成为一个大型的、跨国性的、具有商业性的网络组织？第一，在中世纪欧洲，基督教已成为高度普及的国际性宗教，这为圣殿骑士团人员队伍的扩大提供了有利条件。骑士团在各国招募志愿人士，不问出身，不限国籍，基本条件是他们认同骑士团的基本信条——"守贞、服从与清贫"。志愿者一经入会便受纪律约束，必须任劳任怨，忠心耿耿地从事骑士团指派的工作，包括参加战场搏杀并献身。"骑士"仅是骑士团部分成员的称号。① 第二，圣殿骑士团与罗马教廷建立起密切关系，得到多位教皇的直接支持。圣殿骑士团于1119年在耶路撒冷成立，初衷是保卫基督教圣地，在1128年得到教皇何诺二世接见并于1139年得到正式认可。此后，圣殿骑士团的名声在欧洲广为传播，志愿加入者越来越多。起初，骑士团主要由参战人员（骑士和农民士兵）组成，后来更多的参与者为非军事人员。不仅如此，欧洲多地的显贵人士将大量土地、房屋和金银钱币捐赠给圣殿骑士团，一些富贵人士临终前的财产捐赠使得该组织成为遗嘱执行人和遗产管理人。随着圣殿骑士团拥有的财产规模不断扩大，其角色渐渐发生了变化。一方面，骑士团得到财力后在欧洲各地设立分团（分支机构），通过继承、改建和新建方式拥有大量城堡；② 另一方面，骑士团开始接受委托，利用坚固的城堡代人保管贵重物品和钱财，此项服务对委托人来说既安全又隐秘，而骑士团也因此得到了许多商业机会。第三，教皇是圣殿骑士团跨境支付服务和金融服务的最大客户。1159年亚历山大三世当上教皇后，任命两位圣殿骑士打理其财务，此时教皇显然已发现圣殿骑士团作为一个

---

① 1307年圣殿骑士团被镇压之前，全体成员估计多达1.5万人，其中仅有10%为骑士（詹姆斯·沃瑟曼：《圣殿骑士团：十字军东征的守护者》，刘小欧译，湖南人民出版社，2021，第76页）。

② 一说圣殿骑士团在欧洲各地拥有870座城堡，此数不包括教堂和其他房屋（同上书，第247页）。

跨国性的组织系统可发挥支付和金融服务功能。第四，在得到教皇认可和欧洲各地基督教会普遍支持的背景下，圣殿骑士团获得了地中海沿岸许多口岸城邦以及内陆国家的关税豁免和自由过境待遇，这使得它在转运高价值货物的经营中具有一定的成本优势。第五，圣殿骑士团实行"首长负责制"，而其"首长"（大团长）皆能"与时俱进"，很好地兼顾该机构的宗教属性和商业化倾向。在圣殿骑士团长达189年的有效寿命中，先后有23位大团长，平均任期8.2年。与基督教会一样，骑士团的大团长皆由选举产生，此体制既能确保大团长以机构利益为重，又有利于避免世袭制下容易出现的庸才现象。

但是，正是由于圣殿骑士团与梵蒂冈教廷有特殊关系而且拥有独立武装，其对追求势力扩张的封建君主来说就成了一支有威胁的异己势力。法兰西国王腓力四世（1268—1314年）是一位雄心勃勃的封建君主，于1307年10月下令突袭圣殿骑士团总部，并在全国各地关闭骑士团的分支机构。面对强大起来的国王，教皇也得让步，默许了法王的猖狂行为。几年后，圣殿骑士团在欧洲各地被解散，财产被没收，其跨境支付和金融服务随之消停。"骑士团的没落留下来公共机构上的真空，最终这一真空被意大利的银行家占据。"①

---

① 戈兹曼：《千年金融史》，第163页。

美第奇银行与中世纪欧洲汇票制度的创立

圣殿骑士团于1307年被法兰西国王镇压后,教皇无法再享用其跨境支付服务。此时,银行已在意大利半岛出现,一些大银行业已从事跨国业务,并向教皇提供跨境支付服务。发迹于佛罗伦萨的两大家族银行,巴尔迪(Bardi)和佩鲁齐(Peruzzi)在14世纪前半期于欧洲多国开设分行,代理运转各地给教皇上缴的什一税,还向一些王公贵族提供贷款。不幸的是,1345年英格兰国王爱德华三世对两家银行债务违约,它们的损失合计为150万弗罗林。① 两家银行破产后,教皇所需要的跨境支付和金融服务短暂地出现供给缺位。这是美第奇银行几十年后兴起的一个重要背景。倘若法兰西国王没有血洗圣殿骑士团,倘若英格兰国王未对巴尔迪和佩鲁齐债务违约,中世纪欧洲定不会上演美第奇银行的故事。

1397年,美第奇银行的创办人从罗马前往佛罗伦萨,开办美第奇银行,随后又到罗马设立分行。美第奇银行后来陆续在多个城市开设分行,依时间顺序分别是:1400年那不勒

---

① 贺力平《世界金融史》第135页脚注3给出具体数据来源。按弗罗林含金量(3.53克)以及2022年国际金价(1盎司1 800美元),两家银行损失额约合2.9亿美元或20亿元人民币。

斯，1402年威尼斯，1426年日内瓦（该分行后来迁往里昂），1433年巴塞尔，1436年安科纳，1439年布鲁日，1442年比萨，1446年伦敦和阿维尼翁，1452年米兰。其中，那不勒斯、威尼斯、安科纳和米兰虽然在意大利半岛，但其与佛罗伦萨或罗马互不相属，邻近的比萨当时亦独立于佛罗伦萨（后来被并入）。简言之，美第奇银行通过这10余个分行事实上在当时的欧洲搭建了一张跨国银行网，利用该网络既为教皇也为商人传送资金。

阿维尼翁（Avignon）是座小城，美第奇银行却在该城设有分行。此城位于法兰西东南部，教皇克雷芒（克莱蒙）五世在法王腓力四世胁迫下，于1309年迁居此地，此时正值圣殿骑士团惨遭镇压。此后至1376年，阿维尼翁一直是教皇居所，并在后来数百年中一直为教皇领地（最后至1791年）。阿维尼翁的美第奇分行1446年开张前，巴尔迪和佩鲁齐等意大利银行家已在此地设有分理处。显然，他们皆出于为教皇办理资金汇兑和转账业务的目的而前往此地，这反映出意大利银行家（尤其大银行家）与教皇的特殊关系。

当然，美第奇银行以及当时的其他银行并未将其业务局限于为教皇服务，它们还有自己纯商业性的经营活动。美第奇银行设立伦敦分行的主要目的是为其兼营的羊毛生意提供贸易信贷。美第奇银行在佛罗伦萨建有毛纺织工坊，羊毛自英格兰进口。美第奇银行设立布鲁日分行的目的则在于，利用当地作为欧洲贸易中心（三大贸易线路的交会点）的优势开展商业、信贷和汇兑等领域中的套利交易，牟取收益以便弥补意大利与英格兰双边贸易中意大利的逆差。①

中世纪意大利半岛已有许多行业公会，此为罗马时代遗留下来的一个传统。行业公会拥有监管本行业经营者的权力，算是半官方机构。美第奇银行所参加的是"汇兑公会"，其规定银行主营业务为出售珠宝、接受存款和钱币兑换。显然，贷款被排除在外，因为中世纪意大利以及整个欧洲均处于正统基督教（罗马天主教）的教规束缚下，不得从事任何生息借贷活动。汇兑公会允许银行销售珠宝，相当于为银行的生意开了一条门路。银行销售珠宝接受分期付款，售价可定在远高于成本的水平上。此外，珠宝可作为礼物赠送给存款大客户，借以代替利息支付。当时包括美第奇银行在内的几乎所有私人银行都将汇兑作为主业。

但是，美第奇银行的汇兑业务不是普通的钱币兑换，而是包括钱币兑换在内的跨境支付和贸易融资。美第奇银行里昂分行 1466 年损益表信息显示，该分行以当地金币埃居计价的毛收益额为 12 955。其中，来自汇兑的收益为 4 661，占比为 36%；来自为教皇传送各种证件徽章的收益为 3 630，占比为 28%；

---

① 雷蒙·德鲁弗：《美第奇银行的兴衰（下卷）：左右欧洲政商的金融帝国》，吕吉尔译，格致出版社，2019，第 146 页。

代理丝绸贸易的收益为 2 600，占比为 20%；出租办公室的收益为 700，占比为 5.4%；经纪中介收费为 523，占比为 4%；其余 6.6% 的收益来自现金剩余和杂项贸易服务。[①] 可见，汇兑是该分行的主营业务，贡献了最多的盈利。

美第奇银行对跨境支付发展的一大贡献是开始使用接近标准化的汇票。前述圣殿骑士团为其委托人提供远距离和跨境传送钱财的服务，肯定也发行过纸板证书（或者书写于羊皮或木板上的证书）。一张标注有日期（1156 年）的公证书显示，两兄弟收到 115 热那亚磅重的白银并约定，在其抵达君士坦丁堡或任何一座设有拜占庭官府的城市一个月后，将以 460 拜占特（拜占庭金币）偿还；若以非现金支付，则持票人可在黎凡特于万圣节之日索得 500 拜占特；若未兑现承诺，借款人须在来年 8 月 1 日前还付 250 热那亚磅的银。[②] 这份公证文书包含汇票的诸多要素，例如异地兑付、货币兑换、远期交割、延期支付等，但显然远非标准化的。

现在公认的中世纪和近代早期的标准化汇票为"四方汇票"，且有明确的货币和期限规定。"四方"指汇票的开票人、

[①] 德鲁弗：《美第奇银行的兴衰（下卷）》，表 3.9，第 108 页。
[②] 此文献详细记载于德鲁弗的法文著作《14 世纪至 18 世纪汇票演变史》（巴黎，1953），转述于 Paul Einzig, *The History of Foreign Exchange* (London: Macmillan, 1970), 2nd edition, p.66.

汇款人、收款人和付款人。研究者从美第奇银行历史档案中见到一张 1463 年 7 月 20 日由威尼斯签发的汇票，其要点如下：（1）汇票正面显示开票人姓名（威尼斯商人，极有可能为出口商）；（2）汇款人（寄票人）为美第奇银行在威尼斯的公司（分行），其提供 500 杜卡特，适用汇率为 1 杜卡特兑 47 便士；（3）付款人委托美第奇伦敦代理人办理收款；（4）汇票背面注明在伦敦的付款人姓名。该汇票以威尼斯当地语言书写，该语言接近拉丁文与意大利文。此外，附加信息显示该汇票期限为 3 个月，即 1463 年 10 月 20 日到期。研究者从相关档案得知，该汇票遭到拒付，因为付款人依据可靠信息得知威尼斯杜卡特与英镑的汇率应为 1 杜卡特兑 44 便士而不是 47 便士。[①]

图 3-1 显示的是欧洲中世纪以来标准化的四方汇票交易流程，表明汇票是非现金跨境支付工具，贸易商无须携带现金进行远距离支付。标准化或简化的汇票交易流程分为 7 个步骤，其中部分步骤（环节）同时发生。步骤（1）和（2）：在地区 A，卖家（出口商）得到来自地区 B 的买家（进口商）订单后，向本地银行家或其他金融中介开出一张汇票并得到现金；步骤

[①] 雷蒙·德鲁弗：《美第奇银行的兴衰（上卷）：管理教皇财务的银行家》，吕吉尔译，格致出版社，2019，第 172-173 页。当时 1 英镑 =20 先令 =240 便士，若伦敦商人遵从汇票所述汇率，他将支付 97 英镑 18 先令 4 便士；若汇率为 1 杜卡特 =44 便士，其仅付 91 英镑 13 先令 4 便士。两汇率之差为 6.8%。

(3):卖家接受现金的同时安排发货;步骤(4):受理银行或金融中介向其在地区 B 的代理传递汇票;步骤(5)和(6):地区 B 的代理人在到期日或之前向位于当地的买家(进口商)出示汇票,收取后者的付款;步骤(7):代理人将款项汇至地区 A 的银行或金融中介,汇票相关的全部交易完成。在现代国际贸易中,上述步骤的各要素皆有体现,只是汇票多为银行支票或银行承兑汇票,且在汇票签发之前进口商常常申请使用信用证等金融服务工具。

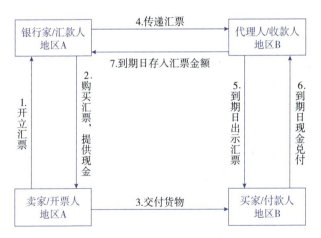

图 3-1 标准化的四方汇票交易流程

由于历史缘故,20 世纪前半期以来,欧洲大陆国家与英美国家对汇票、本票、支票等概念的用法存在差别,有时甚至混淆,这里略作说明。在欧洲大陆,汇票通常指进口商(购买人)

委托第三方向出口商（销售人）签发的纸质支付通知书，不同于本票（进口商或购买人自行签发并将在到期日付款的承诺书，有时也称为期票）或支票（由银行印制并由持票人签发的支付或转账通知书）。20世纪前半期，在国际联盟主导下，诸多欧洲大陆国家以及若干非欧洲国家于1930年达成关于汇票和本票的《日内瓦公约》，次年达成关于支票的《日内瓦公约》，至此形成了关于票据的欧洲大陆法律框架。但在英美两国以及英联邦国家，个人支票业务早在19世纪就已开始普及，当地不习惯区分汇票、本票和支票，因此未加入《日内瓦公约》。在英美等国，汇票与本票或支票之间没有本质区别。事实上，在20世纪后半期和21世纪，英美以及欧洲大陆国家的支票既可以用于国内支付，也可以用于跨境支付。当然，在19世纪甚至20世纪中期以前，极少有个人支票用于跨境支付。

美第奇银行对非现金支付工具的贡献即为《日内瓦公约》框架中的汇票，也就是美第奇银行为其客户提供的异地支付凭证。

从前述美第奇银行代理威尼斯商人与伦敦商人之间的跨境支付事例中已见汇率的重要性。事实上，汇票汇率与市场汇率之间的价差是包括美第奇银行在内的许多中世纪欧洲商人和金融中介赚钱的重要来源。他们积极利用汇率价差牟利的主要动机是借此规避中世纪基督教禁高利贷和禁生息借贷的教规。近代早期，欧洲甚至出现了纯为借贷者或投机者使用的"干票"

（dry exchange），即不与贸易活动相关的汇票。① 此类汇票是单纯的信贷工具或投机手段。在汇票作为跨境支付工具并大量涉及各地货币汇率时，中世纪欧洲商人和银行对信息及其快速传递的需求尤为突出。文献显示，从佛罗伦萨到那不勒斯的距离约为475千米，13世纪时商人的护送队需要10—12天才能走完这段路程，而银行的急差则仅需5—6天。②

在15世纪中叶，美第奇银行在意大利半岛和欧洲多国的10余个城市拥有分行，是当时最大的单一跨国银行网络。但是，不能据此判定美第奇银行所从事的跨境支付即为今天所说的闭环模式。已知美第奇银行在一些时间和地方使用了国外代理，例如研究者已确认美第奇银行伦敦分行和威尼斯分行的合伙人早先为该银行在当地的代理人。③ 很有可能的是，在前面提到的10余个城市，美第奇银行通过设立分行的做法力图将以前的代理关系"内部化"，有意建立自己的闭环模式。

购买汇票的中世纪欧洲商人虽然为美第奇这样的银行支付了大量费用，但也从中得到了三大效用：一是完成币种兑换，

---

① Francesca Trivellato, *The Promise and Peril of Credit: What a Forgotten Legend about Jews and Finance Tells Us About the Making of European Commercial Society* (Princeton: Princeton University Press, 2019), pp.19-20.

② P. 布瓦松纳：《中世纪欧洲生活和劳动（五至十五世纪）》，潘源来译，商务印书馆，1985，第168页。

③ 德鲁弗：《美第奇银行的兴衰（下卷）》，第105页。

二是减少携带现金的不便,三是消除未来汇率的不确定性。作为一种非现金跨境支付工具,中世纪意大利银行开展的汇票业务显然促进了欧洲地区国际贸易的增长。

近代初期至 20 世纪,欧洲知识界流行一种说法,认为汇票是犹太人的发明,是中世纪中期或更早时期犹太人在避难和移民过程中发明的财产转移工具。当代研究者追溯大量历史文献后发现,此说法始于 1647 年,后来代代相袭,以讹传讹。[①] 事实上,在欧洲,汇票是渐渐进化的事物,非某个人或某特定人群发明。在汇票制度于 16 世纪完全成熟以前,欧洲各地的汇票制作和交易不仅形式多样和复杂烦琐,而且往往需经行业公会和公证人认证程序,费用不菲。[②]

汇票制度之所以能在中世纪欧洲渐渐发展起来,有着一定的文化背景因素。基督教、拉丁语和罗马法为中世纪欧洲各国所分享,欧洲各地人民之间存在显著程度的文化认同。知名经济学家熊彼特(1883—1950 年)曾说,在中世纪欧洲的阿奎那时期(1225—1274 年),"不仅教皇的权威在原则上是国际性的,而且皇帝的权威在原则上也是国际性的,同时在某种不同程度上,他们的权威事实上也是国际性的。这并非只是古罗马帝国

---

① Trivellato, *The Promise and Peril of Credit*, p.14.
② Trivellato, *The Promise and Peril of Credit*, p.21.

第三章 银行与非现金跨境支付工具的发展

和查理曼帝国使人产生的联想。当时人们不仅熟悉宗教上的超国家观念，而且也熟悉世俗的超国家观念。民族的划分在当时并不像后来十六世纪时具有那么大的意义"[1]。这种氛围显然有利于那时不同国度和地方的商业人士开展贸易，而且发展出各种具有长期合作和相对固定格式的交易模式和跨境支付工具，包括结成代理人伙伴或使用汇票等。不仅如此，在各国都基本认同罗马法原则的基础上，这些代理人伙伴关系和汇票工具等还得以进一步机构化或制度化，从而保持长期的延续性。

中国晚清时期的山西商人创立了自成一体的票号经营网络，其承载的非现金传送和信贷功能与欧洲汇票有诸多相似性，同样服务于远距离支付和贸易活动，并在19世纪后半期至20世纪初与通商口岸和内地商贸重镇的钱庄及外资银行结成了票据转换的伙伴关系，为昔时中国的国际贸易和跨境支付提供了重要支持。[2] 据日本学者的追踪，山西票号于1883年在朝鲜仁川开设分号，1906年在日本神户开设分号，并在东京、横滨和大阪设有办事处，20世纪初俨然已形成"上海、仁川、神户（大阪）之间的三角金融"。[3] 但是，由于多种缘故，山西票号在国

---

[1] 熊彼特：《经济分析史（第一卷）》，朱泱、孙冯敬译，商务印书馆，1996，第120-121页。

[2] 黄鉴晖：《山西票号史（修订本）》，山西经济出版社，2002，第212页。

[3] 滨下武志：《资本的旅行：华侨、侨汇与中华网》，王珍珍译，社会科学文献出版社，2021，第四章第四节"山西票号的东亚关系网"，第180-187页。

内外的支付和跨境支付服务以及综合金融服务上的发展势头在20世纪前半期未能延续,其向现代金融机构转型的进程遇到颇多挫折,最终被包括银行在内的其他新兴金融机构所取代。

存款银行的兴起及其在跨境支付中的作用

兴旺于15世纪前半期的美第奇银行具有五个特征:(1)其为一家私人银行;(2)其经营活动以汇兑为主;(3)其在欧洲多地设立分行,搭建出一张跨国经营网络;(4)各种形式的"应付款"为其重要资金来源,存款则不直接反映在资产负债表中;(5)未建立转账机制。在这五个特征中,(1)反映了其产权属性,(2)和(3)为其经营上的特色和成就,(4)和(5)既是其经营特色,也是其局限性。所有这些都表明,美第奇银行离现代银行尚有相当差距。

1400—1609年,欧洲多地兴起了另一类型的银行,它们皆由当地政府出资组建,作为公共银行仅在本地开展经营(不像美第奇银行那样在境外开设分行)。这些公共银行发展出了一套吸收存款和安排存款转账的管理机制,且完全面向本地商业,旨在为本地(本国)对外贸易发展和政府税收管理提供"稳定币"支持。

三个国家三座城市组建的公共银行在此方面特别具有代表

性，它们分别是 1401 年成立的巴塞罗那存款银行、1587 年成立的威尼斯里亚尔托广场银行和 1609 年成立的阿姆斯特丹汇兑银行。这三家银行是中世纪晚期和近代早期银行在欧洲发展的榜样。

1407 年在热那亚成立的"圣乔治行"也从事银行业务，亦具有公共属性（该机构非由当地政府组建，而是由热那亚城邦的债权人以"债转股"的形式组建），在欧洲银行发展历史上占有一席地位。但它存在的时间相对较短（止于 1444 年），其主要业务是代行政府的财政管理职能。当地后来取名为"圣乔治"的银行则组建于 100 多年后的 1586 年，此时意大利半岛已有多家公共银行，例如 1552 年成立的巴勒莫银行和 1563 年组建的圣保罗银行（都灵）等。

中世纪晚期的巴塞罗那是西班牙阿拉贡王国的海港城市，此时的阿拉贡王国拥有撒丁岛、西西里岛和意大利半岛上的部分领土，是西地中海的军事和贸易强国。西班牙和意大利同属拉丁文化圈，前者通行后者的铸币体系。商业和贸易是巴塞罗那市政当局的重要税源，当地很早以来就流行商人兼任财政代理人（包税人/包税商）的做法，这些代理人实际上发挥着私人银行家的作用。按规定，商人定期纳税，若个别纳税人无法在指定日期前完税，财政代理人便可垫支并在日后回收欠款及附加费（因宗教缘故此费不被称为"利息"）。

15世纪初及以前，财政代理人（私人银行家）大多实行合伙人制度，而该制度有一个明显缺点，即任何一位合伙人的离世都会导致企业散伙并进而影响市财政的稳定。在此背景下，巴塞罗那市政当局决定组建一家公共银行，由该银行接受商人存款并负责税款（财政资金）管理。这是巴塞罗那存款银行成立的初衷。

巴塞罗那存款银行的基本做法是：（1）要求当地商人（纳税户）将"闲钱"存入银行；（2）存户若有需要随时可提取存款；（3）在满足银行规定的条件下，存户可透支；（4）资金可在存款账户之间转移。此处（2）意味着该银行吸收的存款都是现代意义上的活期存款（demand deposit）或往来账户存款（current account deposit）。这几个看似简单的做法背后却有着诸多法律规范因素及其调整，例如，法律认可当事人的口头约定（存户来到银行口头告知需要存款或取款构成了法律意义上的要约）；要约的执行需要目击者甚至公证人到场；银行建立日账制度（journals），实行复式记账法，报告资产负债，等等。①

巴塞罗那存款银行的重要创新是，存户的税款缴付可通过转账，不必使用传统的现金支付方式。任一存户在其完税日期临近时可通知银行将一定数额的存款转至市政当局在该银行的

---

① Abbot Payson Usher, "The Origins of Banking: The Primitive Bank of Deposit, 1200—1600", *Economic History Review* 4, no.4 (Apr. 1934): 410–412.

账户，即便该存户的存款余额此刻少于税款，他也可以请求银行同意让他透支以便及时完税。由此，一种银行转账方式被创造了出来，此亦为全新的非现金支付方式。

不过，巴塞罗那存款银行的创新仅局限于一家银行，其功效无论大小仅能应用于该银行的存款客户。在威尼斯，类似的创新扩展到了多家银行，即银行之间建立起账户联结和资金转移机制。

威尼斯是中世纪欧洲高度商业化的城邦，国际贸易（尤其转运贸易）长期以来为其经济基础。1430年威尼斯出现第一家私人银行，一百多年后当地已有十多家私人银行。与美第奇银行不同的是，威尼斯的许多私人银行被称为"签转"银行，其向存款客户不仅提供同行转账服务（相当于巴塞罗那存款银行的做法），还提供跨行转账服务（相当于今天的同城转账）。如果有存户前往银行提取现金，银行员工会询问此笔现金的支付对象在哪家银行开户，然后与客户一道前往另一家银行，将该笔存款资金转入此银行。简言之，现金仍然留在威尼斯各家银行中，而客户与客户之间的资金转移（支付）则通过银行内或跨行转账来进行。跨行转账的具体做法是，首先，各家银行相互开设存款账户；其次，当甲银行的存户A需向乙银行的存户B支付一笔款项时，甲银行将信息告知乙银行并通知它在乙银行的存款相应减计或者乙银行在甲银行的存款相应增计。这就是后来在欧洲大陆各国流行的"转账系统"或"划转系统"（giro system）的起源，也是19世纪和20世纪流行于世界各国的代理行制度的雏形。表面上看起来，威尼斯各家银行之间的转账活动属于国内支付，与跨境支付无关；实际上，由于生活在威尼斯的许多商人来自境外，其为威尼斯的非居民，出于国际贸易的目的而来到威尼斯，其与威尼斯本地人之间的转账毫无疑问具有跨境支付的性质。

威尼斯很可能是中世纪欧洲最早使用支票的地方。有文献指出，威尼斯早在15世纪初就允许非居民存户使用支票，但不幸的是，威尼斯当局自1526年起禁止本地使用支票。[①]

威尼斯当局于1587年决定组建里亚尔托广场银行（公共银行），起因是一家大型私人银行遭遇挤兑，当局为防止连锁反应而接管了该银行，随后将之改组为公共银行。里亚尔托广场是威尼斯大型集市所在地，邻近海港，聚集着各式各样的交易中心。新银行冠以此名突出地显示了威尼斯的商业导向。

依据法令，里亚尔托广场银行不得从事贷款，其业务限于存款、转账和签发汇票。威尼斯当局于1593年颁令要求，商人的汇票业务均须由银行办理。后来，当局还规定，商人超过100杜卡特的交易皆须通过银行转账。

[①] Usher, "The Origins of Banking", pp. 418–419.

第三章　银行与非现金跨境支付工具的发展

阿姆斯特丹市政当局于 1609 年组建汇兑银行时借鉴了威尼斯里亚尔托广场银行的经验，而后，威尼斯市政当局又借鉴阿姆斯特丹汇兑银行的经验于 1619 年组建了另一家公共银行，名为转账银行（Banco del Giro）。组建该银行的目的是为政府的债务管理提供支付便利，即接收公众认购政府债券的钱款并负责向公众支付债券本息。后来，政府债券的市价出现上升，当地许多人认为这是转账银行的功劳和成就，遂将他们的存款大量转存于该银行。这使得里亚尔托广场银行相形见绌，不得不于 1638 年关门歇业。

至 1609 年，荷兰宣布独立已有 30 年之久，其间荷兰对外殖民扩张和国际贸易事业已取得显著成就。荷兰商人垄断了印度尼西亚的香料贸易并在波罗的海贸易线路中占据主导地位，阿姆斯特丹成了当时欧洲最繁忙的港口。商人们对外支付时通常使用上等钱币，渐渐地荷兰国内流通的大多是残缺破损的钱币。而且，作为贸易港，阿姆斯特丹市场上充斥着五花八门的各国钱币，钱币兑换成了当地最兴旺的生意之一。商人们经常抱怨，其手持汇票到期后在市面上难以兑现品相良好的钱币。国际贸易大发展所需要的支付服务遇到了重要的新问题。

阿姆斯特丹市政会一度要求所有钱币兑换商无差别地接受钱币，不问品相，实行"同币同价"。此举立刻招致钱币兑换商的强烈反对。面对抗议声浪，阿姆斯特丹市政会决定取消所有钱币兑换商的营业执照，希望借此实现"同币同价"，但此举随即招致商人群体的一致谴责。后来，市政会找到了一个解决之道，成立一家专门机构负责大额钱币的兑换，私人兑换商继续营业但仅从事小额零星的钱币兑换（零售兑换）。此为阿姆斯特丹汇兑银行的由来。

相比于威尼斯里亚尔托广场银行，阿姆斯特丹汇兑银行的创新在于，它按标准格式制作存款收据，允许甚至鼓励存款收据的转让，使存款收据变成了一种非现金支付工具，而存款收据所对应的现金（荷兰盾或荷兰弗罗林）则变成了价值稳定的"存款货币"或"银行货币"，虽然人们很少直接使用现金进行大额支付并亲眼见到这些"存款货币"。这个变化意义非同小可。至此，世界上的货币除了流通中的各种铸币（硬币/现金），还有银行存款，或者更准确地说，代表存放在银行保管箱里的硬币（以及金银条块）的纸质证书。这些纸质证书之所以被认为是货币，乃是因为它们可转让，可用于支付（尽管当时仅用于大额支付），而且价值稳定。但这些纸质证书不是纸钞，因为它们是记名的，面额因人而异，兑现时持有人还须支付一定的手续费。可以说这些纸质证书是银行纸钞的一个萌芽。欧洲第一张纸钞被认为由瑞典的斯德哥尔摩银行于 1661 年发行，该银行的创办人并非瑞典本地人，而是一位曾在荷兰生活和工作的国际人士。

亚当·斯密曾给予阿姆斯特丹汇兑银行的创新以极高评价，而且举出数据说荷兰盾因此对英镑升值，基于荷兰盾和阿姆斯特丹存款证书开出的汇票比伦敦开出的英镑汇票在价格上（汇率上）较为有利。[①] 人口不足 200 万的荷兰在 17 世纪成为世界头号贸易大国，与它当时已拥有一个银行"稳定币"很有关系。从跨境支付的角度看，阿姆斯特丹汇兑银行的做法相当于"足不出境"就为跨境支付提供了一个可靠的非现金支付便利，推动国内支付发展成为支持跨境支付发展的重要基础。

代理行制度的普及与汇票制度的新发展

如前所述，代理行制度（亦称往来银行制度）指不同银行相互开设存款账户，存入资金专用于相互间的支付和结算，以此为各自客户提供非现金支付便利。在欧美银行实践中，甲银行在乙银行的存款账户称为"我的账户"（nostro account），而乙银行在甲银行的存款账户则称为"你的账户"（vostro/loro account），两词皆来自拉丁语（意大利语），显示该制度源于中世纪意大利银行业。

前文已指出，在近代早期，随着贸易线路从地中海向大西

[①] 亚当·斯密：《国民财富的性质和原因的研究（下卷）》，郭大力、王亚南译，商务印书馆，1983，第 41 页。

洋转移，欧洲经济重心向西和向北位移，荷兰首先成为国际贸易和经济增长的新星，随后英法登上全球贸易舞台。在英国，18世纪60年代工业革命开始后，出现了对原材料国外供给和工业品国外市场的新需求，贸易规模不断扩大，贸易方式也出现重要新变化。19世纪中期前后，随着铁路、蒸汽轮机和电报等新技术的普及，世界交通、通信面貌大改观。1855年穿越巴拿马地峡的铁路线完工通车，1866年大西洋海底电报电缆投入运行，1869年苏伊士运河竣工通航，19世纪的这些宏伟工程极大地推动了全球贸易发展和信息传播。贸易发展对跨境支付提出了新要求，而国内金融机构和金融市场的发展则为跨境支付服务范围的扩大、效率的提升以及新方式的引入提供了有力支持。银行和金融市场在跨境支付发展中日益发挥更加重要的作用。

相比于中世纪晚期和近代早期，代理行制度在19世纪中叶及以后出现了几个新特征：(1) 位于不同国家的银行结成代理行关系，代理行制度走出国门，日益扩大国际覆盖范围。(2) 至20世纪初，英国率先发展出新型银行机构，其在众多殖民地和外国城市开设分行和经营网点，打造出自成一体的国际银行网络体系，促使英国成为当时在全球跨境支付和国际贸易中占主导地位的国家。(3) 伦敦成为众多外国银行和金融机构分支机构的聚集地，也是当时世界跨境支付和清算体系的枢纽。(4) 19世纪最后几十年中，随着更多国家转向金本位制，英镑成为世界范围内跨境支付的通行货币。

就银行而言,代理行制度的主体在19世纪不同于20世纪。在19世纪,代理行制度的主体是商人银行、投资银行、兼营跨境支付的贸易公司和正在成长中的全能银行或外贸银行。那时,商业银行在许多国家尚处于起步阶段或早期发展阶段。彼时商业银行立足国内市场,主营业务为面向国内工商业提供存贷款和转账服务,它们大多经营规模偏小,抵御流动性风险的能力较弱,轻易不敢进入不熟悉的外国市场。在美国,19世纪的立法不允许商业银行在境外开设分支机构。

在英国,19世纪中期前后兴起了一批新型银行,有的组建于殖民地,有的成立于本土,共同特点是从事贸易融资、跨境支付以及在殖民地的存贷款业务。它们常被称为"殖民地银行"或"帝国银行"。1835年开始营业的"澳大利亚西亚和南非银行"为此类银行之始,其在伦敦注册,得到皇家特许,经营地点为南半球。此后30余年,陆续有多家类似银行成立,它们活跃于英国各个殖民地以及欧洲以外的所有重要国家,包括澳大利亚、加拿大、印度,以及奥斯曼帝国、晚清中国、日本和巴西等。英国与美国、法国、德国等欧美国家之间的跨境支付和贸易融资则继续依赖商人银行和贸易公司。

英资殖民地银行和帝国银行是当时世界上建立跨国银行分支网络的主力军,是近代世界复活美第奇银行跨国分行模式的先驱者。以汇丰银行("香港上海银行公司")为例,该银行1865年成立后,当年就在香港、上海、伦敦和旧金山(圣弗朗西斯科)设立分行或办事处,至1873年还在日本横滨和大阪、印度加尔各答和孟买、越南西贡(胡志明市)以及中国大陆4个城市设立分行或办事处,至20世纪初还在纽约、巴黎、东南亚各大城市、中国大陆多个城市等地开办分支机构。汇丰银行在19世纪最后30多年的快速增长,在很大程度上归功于其汇票业务的成功。当时,随着苏伊士运河的开通以及电报、电话投入应用,包括有利银行和麦加利银行在内的五大英资殖民地银行出于防范流动性风险的目的达成一个君子协议,仅接受4个月期限以内的汇票。汇丰银行未加入此协议,继续经营6个月期限的汇票,同时在伦敦市场向竞争对手出售自己签发的4个月银行期票,并从中赚取价差。至1891年,汇丰银行存款额接近五大银行存款总额。[1] 1892年左右,电报技术普及后,通过代理行关系从远东地区汇往伦敦的款项在第二天便可入账。

进入19世纪以来,作为非现金跨境工具的汇票有了新的重要发展。首先,适用于大宗贸易的汇票在印制格式和条款设置上日益标准化,增加了汇票的可转让性。可转让的汇票(尤其是频繁转让的汇票)成了一种金融工具,不再仅仅是支付工具。

---

[1] Chapman, *The Rise of Merchant Banking*, p.114.

其次，汇票的类型日益多样化，信用程度越来越高。早期汇票主要是商业汇票或商人汇票，后来出现了银行承兑汇票，即银行背书的商业汇票，再后来是银行本票，即银行自行签发的汇票（通常为其优质客户签发的汇票）。这种发展体现了商业信用与银行信用的结合以及商业信用转化为银行信用。最后，尤为重要的是，在金融中心城市和贸易口岸城市，包括汇票在内的票据交易市场日益活跃，票据贴现和再贴现成为常态，跨境支付工具与金融市场的结合愈益紧密。

在19世纪的英国和美国，票据交易商或票据承兑商（acceptance houses）快速成长并成为跨境支付和贸易融资的重要角色。其中有的是独立商号，有的依附于大型商号，例如商人银行或投资银行。J. P. 摩根公司在19世纪末至20世纪初驰骋于华尔街，其前身为乔治·皮博迪公司和J. S. 摩根公司，两家商号在伦敦专为美英双边贸易提供跨境支付、贸易信贷和商务代理。1836—1890年，两家商号是独立的票据承兑商。在这之后，当J. P. 摩根公司成长为一家大型投资银行，票据承兑则继续作为其重要业务之一。

票据承兑商与贸易公司和商业银行及其他金融机构之间拥有广泛联系，在前者作为中介角色的大力支持下，跨境支付和贸易信贷的发展日益展现出时代新特征，即商业信用与银行信用不断融合，进口融资与出口融资相互结合，以及出口商票据与进口商票据频繁互换。①

特别值得一提的是，17世纪以来英格兰商法实践出现了一个重要调整，确立了票据转让过程中的"联合责任规则"（joint liability rule）。如果一张有多个背书人的票据在最后一位接手者处发生违约，此前各位背书人按法律要求都必须承担赔付责任，无一例外。此项规则被证明有利于减少票据交易与流通过程中发行人和付款人的道德风险、转手过程中的逆向选择以及涉外合同的执行困难。② 欧洲大陆国家未实行此种规则，其商人却乐于接受受此规则约束的英格兰/不列颠票据（汇票）。后来，该种规则也通行于美国票据（汇票）。

在英格兰，票据发行自18世纪后半期逐渐增多，此即工业革命初兴之际。以前，票据发行者多为商业企业；工业革命启动后，制造业企业陆续加入票据发行者行列。票据发行的增加意味着发行者得到短期融资和买方对卖方的支付实现了程序化和规范化，但票据发行的进一步增加则需要二级市场的繁荣，即票据转让（贴现和再贴现）市场的出现和扩大。18世纪后半期至19世纪，英格兰银行积极参与票据交易，为票据市场的

---

① Chapman, *The Rise of Merchant Banking*, Figure 7.1, p.109.

② Veronica A. Santarosa, "Financing Long-Distance Trade: The Joint Liability Rule and Bills of Exchange in Eighteenth-Century France", *Journal of Economic History* 75 (2015): 690−719.

繁荣做出了重要贡献。在此期间，英格兰/不列颠的国内票据（inland/domestic bills）与来自国外发行者的票据（foreign bills）都在伦敦票据市场上大量交易。如前所述，伦敦票据市场的繁荣得益于各式各样的票据经纪人、票据承兑商以及成长中的中央银行（英格兰银行）的共同参与。这也说明，在商业银行成长起来并成为跨境支付服务主角之前，一大批服务型金融机构已涌现出来，它们紧跟市场需求，顺势而为，不断成长。同时，伦敦是一个连接国内票据与国际票据的枢纽，两者的紧密互动同时促进了国内票据市场和国际票据市场的大发展。伦敦在 19 世纪成为世界金融中心，在很大程度上归功于它在跨境支付和国际贸易中所发挥的重要作用，当然，伦敦证券市场的对外开放和国际化发展亦有重要功劳。

"伦敦汇票"是流行于 19 世纪末至 20 世纪初国际贸易界的说法，含义是由位于伦敦的金融机构或商贸公司开具的英镑标价汇票，其到期前通常可在伦敦金融市场贴现。图 3-2 显示了伦敦汇票（英镑汇票）的交易流程，要点与图 3-1 的标准化汇票交易流程相似，形式上亦为"四方汇票"。伦敦汇票的特色在于出现了重要的新角色，即图 3-2 中的"伦敦贴现商"，而传统流程中的代理商在该图中被省略掉（尽管在实践中代理角色通常存在）。在伦敦汇票的交易流程中，具体有 8 个步骤（一些步骤同步发生）。（1）和（2）：国家 A（该国不一定是英国）的出口商收到进口商订单后,向位于伦敦的票据承兑商申请开具汇票,此汇票兑现时期为 3 个月到 6 个月不等;(3)和(4):持票人向伦敦贴现商打折出售汇票并得到现金;(5)出口商安排向进口商发货;(6)进口商依约定在规定时间前向汇票开票人(承兑商)支付货款;(7)和(8):汇票持有人(贴现商)在到期日向汇票发行人(承兑商)申请兑现,该汇票相关交易全部完成。不难看出,所谓"伦敦汇票"实质是可贴现的英镑汇票,其使用者不限于与英国直接贸易的商人。换言之,它是高度开放性的跨境支付和贸易融资工具。

至 19 世纪末和 20 世纪初,伦敦的国际金融中心地位登峰造极。如果说新兴金融中心巴黎和纽约在证券发行领域已展现出奋起直追伦敦的势头,该两大城市在跨境支付和贸易融资领域则完全无力撼动伦敦的优势地位。统计数据显示,1890—1912 年,在伦敦名录上的外国银行数目从 237 家增至 1 211 家,其中外国银行伦敦分行数目从 21 家增至 673 家;同时,与伦敦各类银行机构建立代理关系(往来关系)的外国银行数目从 295 家增至 2 046 家。①

---

① Ranald Michie, "Jewish financiers in the City of London: reality and rhetoric, 1830—1914", in Carmen Hofmann and Martin L. Müller (eds), *History of Financial Institutions: Essays on the history of European finance, 1800—1950* (London and New York: Routledge, 2017), Table 3.2, p.46.

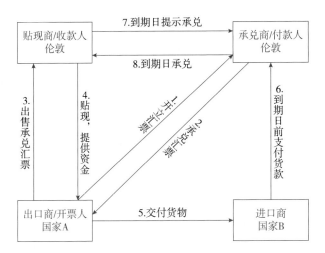

图 3-2 伦敦汇票（英镑汇票）的交易流程[①]

19世纪前半期，英国贸易商从亚洲订购货物时，可通过其在伦敦或亚洲某个城市的代理开出一张6个月或4个月期限的汇票，但汇票的货币单位不一定是英镑。为何？因为当时亚洲两大经济体中国和印度都以银为货币主体，当地贸易商倾向于接受与银挂钩的货币，已与黄金挂钩的英镑自然不是最佳货币。有鉴于此，位于亚洲的英商及其代理经常从当地开出美元

---

① 图3-1和图3-2的基本格式为许多文献使用，本书此处尤其参考 Olivier Accominotti and Stefano Ugolini, "International Trade Finance from the Origins to the Present: Market Structures, Regulation and Governance" (April 8, 2019) in *The Oxford Handbook of Institutions of International Economic Governance and Market Regulation*, 2019, Available at SSRN: https://ssrn.com/abstract=3466109 or http://dx.doi.org/10.2139/ssrn.3466109.

计价的汇票，汇票传回伦敦并在兑现后再转换为英镑。一份历史档案材料给出了 1844 年 10 月由利物浦至上海的一艘商船往返运载的货物及其结算信息，内容要点如下：名为"花神号"（Flora）的商船去程搭载棉布，其英镑售价依据 1845 年 11 月上海市场上美元与英镑汇率（1 美元兑 4 先令 6 便士）进行转换而得；回程搭载茶叶，其成本和收益的英镑数额依据 1846 年 10 月英国市场上美元与英镑汇率（1 美元兑 3 先令 6 便士）转换而得，回程还搭载美元标价的汇票并将出售所得换算为英镑；去程贸易和回程贸易皆为亏损（英镑计价销售额少于英镑计价成本）。① 这些信息表明，（1）从事亚洲贸易的英商在亚洲使用美元计价并使用美元汇票；（2）上海存在美元与英镑的兑换市场；（3）英国存在美元与英镑的汇兑市场；（4）上海市场汇率与英国市场汇率差别甚大（非指同一时点）。美元不是中英两国的货币，其在 19 世纪前半期被选中成为中英双边贸易和跨境支付的货币，主要是因为美元当时实行银本位制而中国国内通行

---

① 滨下武志：《中国、东亚与全球经济：区域和历史的视角》，王玉茹等译，社会科学文献出版社，2009，表 7-8，第 167 页。此书所显示的档案材料原为利物浦商人向英国众议院特别委员会提供的证词。另有历史文献显示，1855 年上海市场上 1 美元兑 6 先令 2 便士至 6 先令 9 便士，大大高于前述 1845 年水平（玛瑞纳·科瓦查克和乔治斯·德佩罗编《十九世纪英美涉华货币档案》，张素敏、习永凯译，河北人民出版社，2021，第 1 页）。诸多材料表明，在 19 世纪的中国，在银币美元与金币英镑之间，中国贸易商倾向于接受前者；但在银币美元和银币墨西哥元之间，中国贸易商和沿海民众倾向于接受后者。

银两货币,同时,当时中国口岸城市有着活跃的美元兑银两和美元兑英镑的市场,且英国有着美元兑英镑的市场。

1873年后,包括美元在内的许多货币转向金本位制后,英镑在国际贸易和跨境支付中的使用范围得以扩大,英镑汇票的优势地位从这时得以凸显。对世界各国的贸易商来说,英镑汇票有三大优势。一是各国贸易商相对熟悉英镑汇票的伦敦发行者或接受者,即便不熟悉,他们也可以在较短时间内利用其国际关系网去认识新发行者,因为伦敦已成为国际贸易中心城市。二是英镑汇票相对其他币种的汇票更容易被贴现。三是随着各国外汇市场的发展,英镑在本地市场的可兑换性相应升高。

国际学术界有一个看法,将伦敦在19世纪成为世界金融中心以及英镑在19世纪最后几十年成为主要国际货币完全归因于网络化市场体系的进化,认为19世纪的伦敦不过是中世纪晚期的布鲁日和近代初期的阿姆斯特丹的延续,英镑汇票相比早期汇票具有突出的金融中心主导和规范化特点。① 此看法强调市场和网络的作用,有其符合历史现实的一面,但相对忽略了英国作为世界第一殖民大国的作用及其意义。如前所述,伦敦

---

① Olivier Accominotti and Stefano Ugolini, "International Trade Finance from the Origins to the Present: Market Structures, Regulation and Governance" (April 8, 2019) in *The Oxford Handbook of Institutions of International Economic Governance and Market Regulation*, 2019, Available at SSRN: https://ssrn.com/abstract=3466109 or http://dx.doi.org/10.2139/ssrn.3466109.

在 19 世纪成为世界金融中心，离不开大英帝国框架内一大批殖民地银行和帝国银行，正是这些新型银行构成了 19 世纪后半期以伦敦为中心的全球银行网络体系的强有力支柱，此支柱当时仅以完整形态存在于大英帝国，而在法兰西和荷兰等殖民体系中仅有部分程度的存在。显然，政治因素，或者说传统类型的帝国体系因素，实际上也是促成 19 世纪末至 20 世纪初市场化、网络化的国际金融和跨境支付体系的重要因素。由此而论，将 20 世纪初的世界跨境支付体系称为一个半中心化的网络体系或许较为贴切。不用说，这个体系在 20 世纪初并非无所不包。当然，从跨境支付的角度看，20 世纪初的世界远未实现划一化和平面化，一些重要地区仍在通行传统的或半传统的跨境支付方式。

传统的和半传统的跨境支付系统

所谓"传统的或半传统的跨境支付系统"，主要指在南亚、中东和东南亚地区流行的基于个人信用关系网络的现金和非现金传送系统，该系统既可以传递现金和非现金汇单，也可以传递信函文件和高价值物品，如珠宝钻石等，融合了传统的和部分现代的支付工具，因而可以说是半传统的或混合类型的跨境支付系统。"基于个人信用关系网络"，指该系统的传送成员通常都是个体商户，有各自固定的经营场所，例如商店或服务社，与周边邻近城镇或居民点的其他个体商户保持经常往来并相互信任。一旦接到信物传送委托，系统内的商户便依据指示向邻近商户（"下家"）传送，"下家"接手后再传往"下下家"，直至最终目的地。这个传送系统的覆盖范围可跨越国界，跨越货币区，甚至跨越海洋（阿拉伯海和红海等）。该网络系统可被视为一种无中心的完全分散化的类型，组成单位都是原子式的个体商户。以当代眼光看，这属于点对点的传送方式。

人们现在尚不确定该传送系统起源于何时何地，但有推测认为，其与公元前2000—公元前600年两河流域的苏美尔和古巴比伦人发明的汇票传送方式有关。出现于公元前18世纪古巴比伦王国的《汉穆拉比法典》第112条说，"倘自由民于旅途中将银、金、宝石或其所有的（其他动）产，交付另一自由民，托其运送，而此自由民不将受托之物交至所托之地，而占有之，则托物之主应检举其不交所托之物之罪，此自由民应按全部交彼之物之五倍以为偿"[①]。这大概是迄今为止人类所见最早的关于委托运送钱财权责划分的法律规定，而此种法律条文的形成表明当时已有此类活动发生。

[①] 林志纯主编《世界通史资料选辑（上古部分）》，商务印书馆，1974，第73页。

大英博物馆藏有一块泥板,记载幼发拉底河畔一座太阳神庙授权持券人在 15 天内前往住在底格里斯河畔伊夏玛市（City of Eshama）的女祭司处,取出存放于此的 8 又 1/2 弥那（minae）重的铅。① 在阿拉伯半岛的麦加,早在伊斯兰教创立之前,当地商人已大量使用异地取款的汇票（支票）,商户的代理人几乎遍及所有部落。商人外出时常与邻居订立财产委托书,② 契约原则十分接近于前引《汉穆拉比法典》的规定。在公元前 15 世纪的苏美尔人与公元 7 世纪的阿拉伯人之间,其在订立契约与传送商业信函事务上似有传承关系。

从中世纪到近代,在印度（南亚次大陆）、阿拉伯帝国和奥斯曼帝国都出现过一些类似的跨境支付系统,各自皆有特定的名称。

已知在中世纪印度商业和贸易中广泛使用亨第汇票（Hundi/ Hundee）。该票据有不同类别,既可视为单纯的远距离支付工具（由出票人交给受票人,并由后者在指定日期到指定商户提取现金）,亦可视为贷款凭证（上面明确记载归还数额和

---

① Einzig, *The History of Foreign Exchange*, p.15. 此处弥那为两河流域当时流行的重量单位,等于 6 舍客勒（谢克尔）或约 500 克,经常用于白银等高价值物品称重（石俊志：《货币的起源》,法律出版社,2020,第 57 页）。两河流域最早使用汇票的说法亦见于悉尼·霍墨、理查德·西勒：《利率史（第四版）》,肖新明、曹建海译,中信出版社,2010,第 12—13 页。

② 纳忠：《阿拉伯通史（上卷）》,商务印书馆,2006,第 95 页。

日期，发行地即为回收地）。

在阿拉伯地区，后来的人们将民间传送网络称为"哈瓦拉支付系统"（hawala），此阿拉伯词指"约定好的票据"或"交易用账单"。倭马亚王朝和阿巴斯王朝皆征收货币税，但未建立一套官方支付和转账系统，而是依赖民间的"哈瓦拉"系统汇集各地上缴的税款。倭马亚王朝和阿巴斯王朝灭亡后，"哈瓦拉"系统被保留了下来并延续至今，其地理覆盖范围远及波斯（今伊朗）和东非。①

15 世纪兴起的奥斯曼帝国继承了阿拉伯帝国的诸多遗产，包括"哈瓦拉汇票系统"。此外，奥斯曼帝国还有创新，发展出了新型"同质汇票"（Suftaja，音译"苏塔加"）。"同质"的意思是，汇款人支付和收款人提取的现金毫无差别，即要么是同质金币要么是同质银币。而且，汇票一旦送至收款人，后者无须等待便可立刻取现。此种与现金的同质性和取现的便捷性使其具有与现金相同的声誉。若有商人怠慢或耽误客户持票取现，奥斯曼帝国政府会予以严厉处罚。此种汇票广泛流行于奥斯曼帝国境内的安纳托利亚、爱琴海岛屿、克里米亚、叙利亚、埃

---

① Patrick M. Jost and Harjit Singh Sandhu. *The Hawala Alternative Remittance System and its Role in Money Laundering*. Report prepared by U.S. Treasury Financial Crimes Enforcement Network (FinCEN) in cooperation with INTERPOL/FOPAC, June, 2016.

及各地以及奥斯曼帝国与波斯（今伊朗）等之间。① "苏塔加"显然是一种非现金跨境支付工具，但其经营者和传送者却非专业化的金融机构，而是与"哈瓦拉"一样的兼职商户。

中世纪晚期以来，大量印度移民前往马来半岛做工经商，久而久之在当地印侨人群中自发生长出金融网络，其功能包括为人们传送钱款和向需求者发放贷款。此被称为"吉提亚尔"（Chettier），初始于19世纪后半期。② 它与"亨第"或"哈瓦拉"有许多类似之处。

散布在东南亚地区的众多华侨华裔自晚清以来发展出了一套跨境汇款机制，利用"水客"将他们在境外的钱款汇往中国大陆的亲属。散居东南亚各国的华侨华裔多来自闽粤地区，其汇寄钱款的目的地亦多为此两地。通过民间渠道的跨境汇寄模式被称为"侨批业"，此不同于通过邮政或银行系统的"侨汇业"。早期的侨批业完全独立于邮政系统或银行系统，后来的侨批业会在有限时段利用邮政或银行系统。侨批业有别于亨第或哈瓦拉系统的一大特点是，前者有相对专业的经营者，即"水客"以及后来的"批信局"。在早期，水客是兼营者；当侨批生意兴旺后，水客成了专营者，也成了一门职业；再往后，一些

---

① 瑟夫科特·帕慕克：《奥斯曼帝国货币史》，张红地译，中国金融出版社，2021，第73-74页。

② 滨下武志：《中国、东亚与全球经济：区域和历史的视角》，第194-195页。

规模甚大的水客创立了信汇制度、帮号和回批制度（信息反馈机制），并发展出了批信局。[1] 19 世纪末至 20 世纪初，汇丰银行在中国口岸城市和东南亚多地开设分行，其重要动机是开展侨汇业务并以此吸收存款。[2] 但银行网点的普及性远不如水客或批信局，后者继续有着自己的发展空间。另外，虽然 19 世纪后半期以来东南亚各国以及晚清和民国时期的中国都陆续开办邮政事业，但各国邮政的互联互通性在彼时十分不足，[3] 而这正是水客和批信局长期兴旺的一个重要原因。

如果仅就使用非现金方式传送资金而言，亚洲和中东地区自中世纪以来也发展出了与欧洲相似的系统。但是，两者仍有显著不同之处。首先，亚洲地区的非现金传送系统主要适用于小额资金的传送。其次，中东地区的传送系统虽然可用于大额资金，但它们与亚洲一样，机构化程度大大低于近代以来的欧洲。最后，由于法律传统的差别，相比欧洲国家，亚洲和中东地区缺少关于汇票（票据）转让的具体规则，由此使得本地汇

---

[1] 焦建华：《福建侨批业研究（1896—1949 年）》，厦门大学出版社，2017，第 74-84 页。

[2] 滨下武志：《资本的旅行：华侨、侨汇与中华网》，第 234-236 页。

[3] 作为一个旁证，美英之间个人通过邮政汇寄款项在二战结束后不再罕见。纽约一位未成名女作家 1949 年起向伦敦一家二手书店不定期汇款订购旧书，后来演绎出一段跨洋爱情故事（纪实作品《查理十字街 84 号》以及同名电影皆讲述该事迹）。

票交易市场的发展落后于欧洲。就此而论,"网络化"不等于"市场化"。亚洲和中东地区的资金传送系统具有高度网络化的特征,系统中的经营者与客户的关系完全基于市场原则,但是,系统所使用的票据工具却不具有高度的"市场性",此处"市场性"指可交易性以及交易价格的透明性。简言之,"市场化"离不开"网络化",但"网络化"本身并不意味着充分的"市场化"。

第四章
跨境支付在 20 世纪的发展

工业革命到来后，跨境支付在 19 世纪得到快速发展。支持跨境支付快速发展的重要因素包括，银行制度在工业化国家普及、代理行制度在全球范围扩散、金本位制成为众多国家的货币制度、黄金成为各国对外支付的清偿工具、国际贸易大量使用汇票、汇票与金融市场更加紧密地结合。在 20 世纪，随着现代工业和科技创新在世界范围进一步发展，随着国际贸易、国际投资和人员国际流动不断增长，对跨境支付的需求更加强盛，参与跨境支付服务的机构更加多样化。跨境支付在 20 世纪的重要变化包括，美元取代英镑成为主导国际货币和各国对外支付的清偿工具，政府介入跨境支付活动并创立跨境支付的多边合作组织，商业银行超越商人银行、投资银行和专门外贸银行成为跨境支付服务的主要经营者，中央银行主导国内支付体系建设，面向个人消费者的信用卡网络体系成为个人跨境支付的流行方式，单一货币在欧元区范围内消除跨境支付的货币兑换环节，由商业银行发起的全球统一规范的跨境支付结算基础设施建设取得重大突破，等等。20 世纪见证了各类主体成为跨境支付的强烈需求方、跨境支付成为众多机构积极参与的重要产业。

美元成为 20 世纪后半期的主导国际货币

跨境支付在 20 世纪的一大变化是美元成为世界的主导国际货币和各国对外支付的常用货币。在 20 世纪前半期，英镑是最重要的国际货币，美元是当时新兴的国际货币，金本位制是英美等众多国家实行的货币制度，黄金是各国对外支付的最后手段（清算手段或清算工具）。英镑在 19 世纪成为国际主导货币的主要原因是，英国是当时世界上最大的贸易国，伦敦是全球性国际金融中心，英资海外银行遍布世界各地，英镑价值稳定，而且交易成本低，受到许多贸易商欢迎。美国经济规模虽在 19 世纪 70 年代超过英国，但其贸易和金融上的影响力不及英国。20 世纪前半期为美元与英镑竞争国际货币地位的时期。

二战结束至 1971 年为布雷顿森林体系时期，此时期确立了美元在国际货币体系中的优先地位，因为当时仅有美元保持与黄金挂钩。英镑的国际货币地位在二战后初期即已下降，英镑在 1949 年大贬值后才维持了与美元的固定汇率（图 4-1）。1958—1968 年是布雷顿森林体系的黄金时期，此 10 年国际货币基金组织（IMF）

的成员国相互开放贸易并保持汇率稳定。1968年后为布雷顿森林体系的末期，此时美国对外开支不断增多，美国境外的美元积存量越来越大（此意味着外国对美国债权的大量增加），美国的黄金储备显著减少。依初始设计，布雷顿森林体系有两大支柱，一是美元与黄金实行固定比价（1盎司黄金兑35美元），二是各国政府可用所持美元外汇向美国按固定比价购买黄金。然而，至布雷顿森林体系末期，尤其是1970年后，两大支柱皆成为美国政府肩上的重担。1971年8月，美国总统尼克松宣布中止美元与黄金的固定比价兑换，美国政府持有的黄金不再对外出售，美元的黄金价格在国际市场上浮动起来，布雷顿森林体系摇摇欲坠。

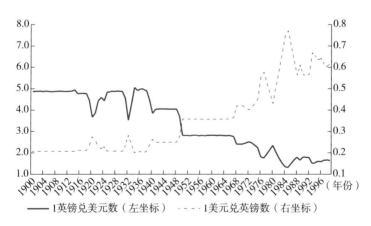

图4-1 美元与英镑汇率（1900—1999年）

来源：Lawrence H. Officer, "Dollar-Pound Exchange Rate From 1791", Measuring Worth, 2022.

然而，在布雷顿森林体系动摇之际，美元在全球外汇储备中的份额出现趋势性上升。1969—1977年，美元在全球外汇储备总额中的份额由63.3%升至80.3%（图4-2），此时恰为美元汇率剧烈波动以及布雷顿森林体系走向瓦解的时期。1976年，国际货币基金组织通过新的协议（《牙买加协议》），同意废除黄金的国际清偿职能（即"黄金的非货币化"），各国可自行选择汇率体制。国际货币体系由此进入"后布雷顿森林体系"时期，在此时期，各国货币在国际金融市场上和对外支付中展开竞争。

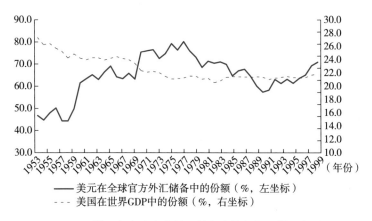

——美元在全球官方外汇储备中的份额（%，左坐标）
---- 美国在世界GDP中的份额（%，右坐标）

图4-2 美元在全球官方外汇储备中的份额及美国在世界GDP中的份额（1953—1999年）

注：美元份额数来自国际货币基金组织历年统计年鉴，"美元份额"仅指按美元在各国已报告并可识别的外汇储备总额中的份额，不涉及未被统计的国家。美国和世界GDP数来自安格斯·麦迪森《世界经济千年统计》，伍晓鹰、施发启译，北京大学出版社，2009年。两数均按固定价格计算。

在后布雷顿森林体系时期，美元继续享有其国际货币主导地位。1977—1990 年，美元在全球外汇储备总额中的份额呈波动下降趋势，最低时在 1990 年为 57.5%。此时期西德马克和日元皆对美元地位提出挑战。但在 20 世纪最后 10 年，即冷战结束后的 20 世纪 90 年代，美元份额转为上升，至 1999 年达到 71%。与此同时，美国在全球 GDP 中的占比保持在 20% 以上（图 4-2）。美元作为全球第一大储备货币、各国对外支付的清偿手段和国际贸易的常用货币，一直延续至 21 世纪初。

美元取代英镑成为主导国际货币经历了漫长时间，该过程说明了价值稳定的重要性。19 世纪末至 20 世纪初，英镑是世界的硬通货，是许多国家的对外支付工具和主要国际储备。但就经济规模（国内生产总值 GDP）而言，美国早在 1871 年就超过了英国。尽管如此，美元的国际货币地位长期滞后于其国际经济地位。在 20 世纪前半期，导致英镑地位下降和美元地位上升的最重要原因是金本位制在两国的不同境遇。在英国，1914 年第一次世界大战（以下简称"一战"）爆发后，政府立即限制英镑的可兑换，英镑持有者不再享有兑换黄金的权利，而黄金持有者未经许可不得将其输往国外。大战期间英国以及许多欧洲国家都按下了金本位制的暂停键，而美国则继续实行金本位制。美元与黄金的自由可兑换促使美元的国际货币地位在一战爆发后快速上升。

美国于 1917 年卷入一战后，亦暂停了金本位制的运行。但美国中止金本位制的时间很短，大战结束次年（1919 年）便恢复了金本位制，而此时英国（英镑）仍停留在金本位制之外。1925 年，英国恢复金本位制，英镑兑美元汇率回升至一战前水平（1 英镑兑 4.8 美元，参见图 4–1）。然而，好景不长。由于国内失业剧增且降低利率呼声高涨，英国政府不得不于 1931 年宣布脱离金本位制，再次停止英镑的可兑换，同时下调利率。很快，英镑对美元大幅贬值（1932 年 1 英镑兑 4.5 美元）。此时美国继续维持金本位制直至 1933 年，该年罗斯福总统出台限制黄金出口和兑换的政策，但并未完全取消美元纸钞与金币的可兑换，1 盎司黄金兑 35 美元的官方基准价在此时期确立。简言之，1933 年起美国转为不完全的金本位制，而英国则自 1931 年完全停止金本位制的运行。①

英镑脱离金本位制后，失去了与美元相同的可兑换性。不过，依托英联邦框架而建立的"英镑区"为英镑提供了额外支持。1950—1951 年，英镑在各国外汇储备总额中的份额高达

---

① 米尔顿·弗里德曼、安娜·J. 施瓦茨：《美国货币史（1867—1960）》，巴曙松、王劲松等译，北京大学出版社，2009，第 329-331 页；Barry Eichengreen, *Golden Fetters: The Gold Standard and the Great Depression, 1919—1939* (New York: Oxford University Press, 1992), Table 7.1, pp.188-190.［此处将 1933 年后的美国划入"有条件的金本位制"（qualified gold standard）类别。］

68%，两倍于当时美元 30% 的水平。① 当时，许多英联邦成员的中央银行或货币当局持有大量英镑资产，并将此作为它们的外汇储备。对英国政府来说，维持英镑的汇率（金平价）变成了一种"对外义务"，因为每一次英镑贬值或可能的贬值都会引起英联邦成员国的强烈不满和抱怨。有鉴于此，英国政府 1950 年后采取了推动英镑"软着陆"的政策，允许甚至鼓励英联邦成员国逐渐减少英镑外汇储备。② 在此背景下，战后国际货币体系中出现了美元替代英镑的趋势。

在布雷顿森林体系风雨飘摇的 20 世纪 70 年代，国际舞台上叱咤风云的石油输出国组织（OPEC）积极寻找石油贸易的转用货币，其成员国考虑过多种方案，包括使用非美元为石油定价、发明一种像班柯（Bancor）或特别提款权（SDR）那样的组合货币单位、将外汇储备转换为德国马克等。③ 但是，这

---

① Catherine R. Schenk, *The Decline of Sterling: Managing the Retreat of an International Currency 1945—1992* (Cambridge: Cambridge University Press, 2010), Figure 1.9, p.23.

② 当然，英镑储备资产的减少并非英国政府单方面决定的事情，英联邦成员国的决策其实才是决定性的。一项新研究成果认为诸多因素对后者产生了重要影响，参见 Alan de Bromhead, David Jordan, Francis Kennedy, Jack Seddon, "Sterling's Farewell symphony: The end of the Sterling Area revisited", *Economic History Review* (Jul. 2022), doi.org/10.1111/ehr.13175.

③ 巴里·艾森格林：《嚣张的特权：美元的兴衰和货币的未来》，陈召强译，中信出版社，2011，第 73、76–77 页。

些意见未得到多数成员国的认可,主要原因是美元已是一种便捷的跨境支付工具,而非美元的国际货币——例如德国马克、日元、英镑和瑞士法郎等——总是存在这样那样的问题,包括市场流动性不够高、开放程度不够高或者市场容量不够大等。在此背景下,沙特等中东国家在石油出口中继续接受美元支付,并因此而积攒了大量美元资产。这些资产被称为"石油美元",其中不少为有关国家的美元外汇储备。从20世纪70年代到20世纪80年代,原油期货市场在纽约、伦敦和迪拜等地先后推出,各大交易所为吸引国际投资者在原油期货产品上皆采用美元标价,此举更加凸显了美元作为国际原油交易计价单位的地位。20世纪70年代是美元从"黄金美元"("美金")转变为"石油美元"的时期。促成此时期美元吸引力的主要因素是美国的市场规模(世界第一大石油进口国)、对外金融开放、纽约的国际金融中心地位、20世纪80年代初美联储的高利率政策等。其中,美国的市场规模和对外金融开放是当时联邦德国和日本等无法比拟的。

20世纪90年代前后,东亚诸多经济体走上外向发展道路,大力推动制成品出口产业成长。它们的主要出口市场在北美,其通过贸易顺差而赚取的大量资金用于购买高流动性的美元资产,并将之作为外汇储备积累起来,由此进一步提升了美元的国际货币地位。东亚经济体大量积累美元外汇储备的一个重要动因是它们将之作为预防金融危机的重要手段，而这从一个侧面反映了美元的国际货币地位已远不止是跨境支付工具，美元还成为各国外汇市场的干预工具和金融机构的最后救助工具。

政府间多边支付组织登上历史舞台

一战结束后，协约国于 1919 年 6 月通过《凡尔赛和约》，要求德国支付战争赔款，具体数额留待专门的赔款委员会决定。1921 年 5 月，总部设在伦敦的赔款委员会宣布德国赔款总额为 1 320 亿金马克或 315 亿美元。早先德国政府依据对赔款能力的计算建议将赔款数定为 500 亿金马克（约 120 亿美元），遭到拒绝。按照伦敦委员会的偿付计划，德国赔款分为两个阶段，第一个阶段支付 500 亿金马克，每年 30 亿金马克，第二个阶段支付余下的 820 亿金马克，但具体支付办法未来再确定。至 1922 年年末，德方认为它已向债权国（协约国）支付 420 亿金马克，而后者却认为仅从德方收到 100 亿金马克，[①] 两者相差数倍。差距的主要原因在于双方采用了不同的计价依据，德方的计算包括其失去的殖民地及其附属资产、被协约国没收的商船队以及

---

① 卡尔·哈达赫:《二十世纪德国经济史》，扬绪译，商务印书馆，1984，第 25–26 页。

被占领军征用的民用物资等。在赔款委员会指责德国债务违约后，法国派兵占领了德国的鲁尔工业区，此事件立即导致欧洲地区国际关系高度紧张，恐慌情绪在德国蔓延开来，德国很快发生了超级通胀。一战后德国的情况与历史上的法国形成鲜明对比。

法国在19世纪有过两次对外战争赔款，一次在1815年拿破仑战争结束后，另一次在1871年普法战争结束后。法国两次支付战争赔款后，国内物价水平转为下跌，随后出现的问题是通货紧缩而不是通货膨胀。而且，法国国内物价水平下降后，法国产品的出口价格相应降低，其在外国市场的价格竞争力相应提高，随后法国的出口总量增加，对外贸易顺差增多。最终，法国经济好转，对外转移支付（战争赔款）的不利经济效应几乎完全消失。18世纪英国著名学者大卫·休谟提出，一国物价水平取决于国内货币存量，后者与对外贸易差额密切相关；一国若发生货币外流（对外转移支付即为货币外流），国内物价将随之下降；而在物价下降后，本国产品的国际竞争力将提高，贸易收支将改善，国内经济最终会恢复到货币外流前的均衡状态。此论点后来被称为古典经济学中的"物价—现金流动机制"。

很明显，古典经济学中的"物价—现金流动机制"未在1922年的德国发挥作用。究其原因，乃是因为一战期间及一战结束后德国不再实行商品货币制度，而是转而采用信用货币制度。在信用货币制度中，如无特别控制措施，物价走势恰与

"物价—现金流动机制"中的情况相反,贸易逆差愈多,国内通货膨胀愈严重。

1922年德国爆发超级通胀后,债权国政府与德国政府进行了多轮协商。1924年出台的道威斯计划重新规划了德国赔款支付的时间表,同时安排发行国际债券,所募集的资金用于德国国内的经济建设。德国经济在1924—1927年得到复苏,但在1928年转为减速,财政发生困难,此时德国政府表示无力继续执行道威斯计划。1930年,美英法与德国达成新协议,通过杨格计划,要点包括:(1)将德国赔款总额大大减少,延长偿还期(1930年开始,期限为59年),初始年份的赔款支付额少于道威斯计划;(2)债权国投资者通过认购国际债券的方式向德国提供贷款;(3)成立一家国际金融机构,监督和管理与德国债务资金相关的跨境流动。最后一点促成了国际清算银行(BIS)于1930年成立,该机构总部设在中立国瑞士的巴塞尔市。

按照多国协商拟定的方案,国际清算银行有三大职责,一是负责接受德国政府定期支付的赔款(包括本金和利息,因采取等额方式,故被称为债务"年金");二是负责将赔款资金分配给各债权国(实际上仅将赔款资金分发至各债权国在国际清算银行开立的账户,资金并不离开国际清算银行并可返流回德国);三是作为托管人负责杨格贷款(以及道威斯贷款)的资金归集和发放(资金首先归集于各债权国中央银行,后者转付给国际清算银行，随后再分别用于垫付德国的赔款年金和转移至指定的德国机构并用于经济建设）。此外，关于国际清算银行的资本金来源，各国决定由其中央银行代表各自国家按比例出资认购股份，各中央银行在该机构开设账户，存款资金可获得利息收入，由国际清算银行负责各国交存资金的兑换和价值保值。

上述关于职责和资本金来源的规定，表明国际清算银行是一家执行德国战争赔款资金赔付安排的专门机构（它因此亦被称为"赔款银行"），[1]也是一家由有关国家出资并共同所有的多边国际组织。更准确地说，国际清算银行是有关国家中央银行相互间的支付和清算机构，是"中央银行的银行"。当然，按照初始方案，国际清算银行所负责的支付和清算主要围绕德国战争赔款的偿付和融资，并不涉及各国中央银行在此领域之外的业务活动。但是，无论从哪个角度看，国际清算银行都算是一个重要创新，是一个前所未有的事物，是20世纪前半期跨境支付领域政府间合作的一大进步。

但是，国际清算银行仅维持了一年多的正常运行，随后便处于事实上的"休眠"状态。1931年6月，在美国经济和世界经济陷入大萧条之际，美国总统塔夫脱宣布给予外国政府一年

---

[1] Gianni Toniolo, *Central Bank Cooperation at the Bank for International Settlements, 1930—1973* (Cambridge: Cambridge University Press, 2005), p.70.

期的债务宽限（moratorium），旨在给英法德等重外债国提供缓冲时间窗口。一个月后，德国宣布中止金本位制并停止执行杨格计划，由此使得国际清算银行所有其他工作都处于冻结状态。

德国脱离国际金融体系后，政府针对外汇短缺问题推出两大新措施。[①] 第一，指定帝国银行为德国贸易企业跨境支付的唯一代理。按照新政策，德国企业对英国出口赚得的英镑进入帝国银行账户，由帝国银行向出口企业支付马克（马克与英镑的汇率由帝国银行决定，基本保持不变）。德国企业自英进口时，由帝国银行代为对外支付，企业仅需向帝国银行支付马克。第二，德国政府出面与有关国家政府签订双边结算协议，各自成立"票据交换银行"。具体做法是：（1）本国贸易商向对方出口货物时不再接受对方外汇付款，而是从本国"票据交换银行"得到相应数额的本币款项；（2）类似地，本国贸易商从对方进口货物时无须向对方支付外汇，仅需向本国"票据交换银行"支付相应数额的本币；（3）两国的"票据交换银行"按协定汇率设置各自的进出口总额，贯彻"数额对等"（贸易平衡）原则，无须再为贸易差额动用外汇，即不用跨境支付；（4）"数额对等"原则意味着一年内本国出口额等于本国进口额，故"票

---

① 夏尔·贝特兰：《纳粹德国经济史》，刘法智、杨燕怡译，商务印书馆，1990，第170-171页。

据交换银行"实际以本国进口商的付款支付本国出口商,两者总量恒等。此做法 1933 年启用,后在二战期间广泛用于德国与东南欧国家的双边贸易。该做法的推行,实质上体现了当时国际贸易和跨境支付体系的分裂。

"票据交换银行"虽有避免使用外汇支付的优点,但其总量控制的做法实际上不利于贸易增长,实际支付效率也可能很低。21 世纪初,若干欧洲国家为绕过制裁,在有限范围内开展与伊朗的双边贸易而发明了"易货贸易支持工具"(INSTEX),其运行原理接近于"票据交换银行"。

二战结束时,欧洲各国经济伤痕累累,物资极度匮乏。1947 年 7 月启动的马歇尔计划向一大批欧洲国家输送美元资金和货物,为这些国家的经济复苏提供初始动力。美国政府的意图是以此推动欧洲各国在贸易上相互开放,消除贸易壁垒,增进地区合作。1948 年 4 月,欧洲 16 国成立"欧洲经济合作组织"(OEEC),负责欧洲地区马歇尔计划的执行,主要工作是落实物资和资金在参与马歇尔计划的欧洲各国中的传送和相互衔接事务。当时,几乎所有欧洲国家都面临外汇(尤其是美元)资金的短缺,本国货币面临贬值压力。有的国家得到一点外汇收入后,政府将之严加看管,抑制了正常的经济和贸易活动,也不利于经济复苏。有鉴于此,欧洲经济合作组织决定组建"欧洲支付同盟"(European Payment Union),并确定国际清算银行为该同盟的执行金融机构。

欧洲支付同盟是一个多边清算机制。以往，各国贸易大都以双边方式进行清算，例如，A国与B国开展贸易并进行清算，A国与C国开展贸易并进行清算，B国与C国开展贸易并进行清算。按照欧洲支付联盟的新机制，A国、B国和C国的相互双边贸易被纳入一个共同框架，同时记账，它们仅就"净"差额进行清算。具体做法是，每月末，欧洲支付同盟成员国向国际清算银行报告它对其他成员国的双边贸易差额，国际清算银行在此基础上汇总各成员国的贸易差额并计算出净差额数字，此数字被视为成员国与同盟的收支差额，而不再是对某个成员国的收支差额。以A、B、C三国为例。某年某月，A国与B国双边贸易中A国顺差20亿美元（B国逆差20亿美元），A国与C国双边贸易中A国逆差10亿美元（C国顺差10亿美元），B国与C国双边贸易中B国顺差5亿美元（C国逆差5亿美元）。按照双边清算原则，此时三国之间须进行三次支付，跨境支付总额为35亿美元（20亿美元+10亿美元+5亿美元）。按照欧洲支付同盟的多边清算原则，A国和C国分别有净顺差10亿美元和5亿美元，B国净逆差15亿美元；进行清算时，仅由B国向A国和C国分别支付10亿美元和5亿美元，三国此时期跨境支付总额为15亿美元，比双边清算机制下减少一半。这是多边清算机制下支付总额的节省。

事实上，欧洲支付同盟比上述单纯的多边支付机制还前进了一大步。依其规定，每个成员国以它 1949 年在欧洲支付同盟框架内的贸易总额为基数，该基数的 15% 为该国从欧洲支付同盟获取信贷的额度，只要该国的累计贸易逆差未超过此额度的 20%，该国便无须动用其黄金或美元储备进行支付；超过此水平时，逆差国的支付则必须动用黄金和/或美元。①

欧洲支付同盟对顺差国和逆差国都有吸引力。对顺差国来说，其对逆差国的出口得到了支付保障，倘若缺少此种保障，其出口应收款要么变成坏账，要么仅为"软"货币钱款。对逆差国来说，欧洲支付同盟提供了信贷支持，有利于本国经济的复苏。而在欧洲经济合作组织眼中，欧洲支付同盟是推动成员国贸易政策调整的一个有力工具。

欧洲支付同盟运行于 1950—1958 年，在此时期，成员国相互贸易总额从 100 亿美元增至 230 亿美元（增 1.3 倍）；同时，它们自北美地区的进口额仅从 40 亿美元增至 60 亿美元（增 0.5 倍）。② 可见，欧洲支付同盟的主要作用在于促进本地区内部的贸易增长。1958 年后，欧洲支付同盟成员国的外汇短缺（"美

---

① Barry Eichengreen and Jorge Braga de Macedo, The European Payments Union: History and Implications for the Evolution of the International Financial Architecture, OECD Development Centre, Paris, March 2001.

② 同上。

元荒")问题已解决,该机构不再有继续运行的必要性,随之更名为"欧洲货币协议"(实为一个政策协商平台),"欧洲经济合作组织"随后也转变为"经济合作与发展组织"(OECD)。

国际清算银行和欧洲支付同盟都是跨境支付领域政府间国际合作的创新事例,两个机构都侧重跨境支付的宏观层面。在欧洲,它们都对后来欧元的诞生产生了重要的积极影响。

商业银行成为跨境支付服务的主角

19世纪及以前,贸易企业是跨境支付服务的主角。19世纪初之后,在英国兴起了商人银行,在美国兴起了投资银行,二者皆兼营跨境支付和贸易融资。许多英国商人银行和美国投资银行原本为贸易商,跨境支付和贸易融资不过是从贸易活动中分流出来的业务。英国商人银行和美国投资银行在跨境支付和贸易融资上的经营优势来自其与生俱来的跨境商业网络。位于伦敦的罗斯柴尔德商号(N. M. Rothschild & Sons)系法兰克福罗斯柴尔德家族的五大分支之一,其他四支分别位于巴黎、维也纳、那不勒斯和法兰克福。在这五大欧洲城市的罗斯柴尔德商号相互传递信息,代理客户的跨境支付和票据贴现,形成了一个跨境支付和贸易融资(以及证券交易)的国际网络。类似的情况在当时的英美和欧洲大陆国家还有许多,例如,多家华尔街大投行都是来自德意志的犹太裔商号,他们在欧洲大陆（尤其是德意志地区）有着广泛的人脉关系。即便像 J. P. 摩根这样"纯粹"本土的美利坚投行,其前身也是跨大西洋贸易商,专在伦敦与纽约之间从事跨境支付、货币汇兑和贸易融资等业务。

除了商人银行和投资银行,对跨境支付和贸易融资在 19 世纪的发展做出巨大贡献的金融机构还有英国的海外银行、德意志的全能银行和日本的贸易银行（国际金融银行）等新兴金融机构。如前所述（第三章"代理行制度的普及与汇票制度的新发展"）,在 19 世纪中期后的英国,一大批殖民地银行和帝国银行涌现出来（它们亦被称为海外银行）。此类银行大都同时拥有在英属殖民地和英国本土的经营机构,有的还在其他国家设有分支机构。在几十家甚至上百家英属殖民地银行和帝国银行中,汇丰银行为一佼佼者。该银行 1863 年在香港成立后不久就在上海和伦敦等地设立分行或经营处,迅速成为高度国际化的跨国银行机构。汇丰银行和其他英资银行的成功引起了德日等后起工业国的追赶。1870 年在柏林成立的德意志银行对标英国的商人银行,将包括跨境支付和贸易融资在内的国际金融业务作为主攻方向,并希望借此推动德意志成为像英国那样的工业和贸易强国。1872 年,德意志银行在国内的分行尚不过三家,却决定前往中国上海和日本横滨开设分行,并与伦敦、巴黎和纽约的金融机构建立代理关系。不巧的是,1873 年爆发了世界性金融危机，银价跌落，德意志银行的两家远东分行身处白银货币的环境中，按金价度量已难盈利，被迫关闭。之后，德意志银行开拓拉丁美洲市场的努力也未成功，其在阿根廷的合资银行开办不到10年便于1885年清算歇业。但德意志银行与巴黎、纽约和伦敦等地的金融机构建立起了合作关系，借此为德意志企业出口贸易提供跨境支付和信贷服务。在日本，1880年成立的横滨正金银行是当地商人效仿汇丰银行的一个产物。汇丰银行于1866年前往横滨设立分行，在当地开展跨境支付和贸易信贷业务并很快取得成功。横滨正金银行的初衷就是成为"本土企业的汇丰银行"，为日本企业提供国际金融服务。横滨正金银行不同于德意志银行，不在日本国内从事普通商业银行业务，因而其主要为贸易银行或国际金融银行。

至20世纪初，英国的商业银行（合股大银行）聚焦于国内市场，其国际业务尚在襁褓之中。在大洋彼岸的美国，商业银行通常不允许开展境外业务。1913年通过的《联邦储备法》规定，资本金100万美元以上的国民银行可申请开办国外分行。此时很多美国大企业已在海外有大量投资并从事多种工商经营活动，它们力促商业银行前往国外组建分支机构。当时美国头号大制造业企业美钢公司（US Steel）是纽约第一国民银行的客户，美钢总裁向该银行提议开拓国外业务，遭冷遇后转向国民城市银行（花旗银行），对后者说，如果花旗银行决定去南美，美钢公司将选花旗银行作为其往来银行（代理行）。[1]

1914—1916 年，花旗银行先后在阿根廷、巴西、智利、古巴和巴拿马开设分行，已在这些国家有大量生意的美国大企业不仅都在花旗银行的海外分行开立账户，而且将它们的国内代理行也改为花旗银行。这些大企业包括杜邦公司、国际收割机公司、纽约标准石油公司等。花旗银行海外分行为美资企业提供的服务主要是存款、汇兑、转账和贸易信贷。

作为纽约乃至全美经营规模最大的商业银行，花旗银行自 19 世纪末以来一直是外国银行在美国的主要代理行。1912 年有超过 400 家外国银行在花旗银行开立存款账户并将之用作跨境支付的垫付资金。一战在欧洲爆发后，外国银行在花旗银行的存款余额由 1914 年 6 月的 2 270 万美元增至 1917 年 6 月的 1.75 亿美元，3 年期间年均增长 278%。1917 年 6 月，外国银行存款相当于花旗银行国内存款总额的 30%。[2]

至 20 世纪 20 年代，花旗银行的国外分行网点集中在拉丁美洲、远东和欧洲。美联储在 1924 年和 1927 年发布特别规定，允许会员银行接受基于国外储运物资而发行的票据（汇票），其用意是促使美国短期资金通过贸易融资形式流向德国，支持德

---

[1] 哈罗德·克里夫兰德、托马斯·候尔塔斯：《花旗银行1812—1970》，郑先炳译，中国金融出版社，2005，第 116 页。
[2] 同上书，第 122 页。

国经济复苏。[①] 20 世纪 20 年代是跨境汇票业务在美国大发展的时期。至 1928 年,花旗银行签发的承兑汇票占美国所有银行签发的承兑汇票总额的 8%。

二战结束后,花旗银行继续坚持国际化发展道路,直到 20 世纪末以前一直是在海外开设分行最多的美国银行。总体而言,由于花旗银行的经营规模和经营范围巨大,跨境支付在其国际业务总量中的分量趋于下降。但花旗银行始终将之作为基础银行业务,竭力为其国内外跨境支付客户提供适宜产品及服务,在此领域与其他国际大银行和外国的本土银行展开竞争。

另一家美国大型商业银行切斯银行(大通银行)的经历与国民城市银行(花旗银行)类似。该银行原名切斯国民银行,1955 年与曼哈顿银行合并,改名为切斯曼哈顿银行,2000 年与 J. P. 摩根公司合并,新集团名为摩根大通(摩根切斯),旗下商业银行名为大通银行(切斯银行)。与国民城市银行(花旗银行)一样,切斯银行的国际业务和国际化发展起步于 1913 年《联邦储备法》通过后。1917 年,它与 33 家美国机构和 1 家加拿大银行共同组建"美利坚外国银行公司"(AFBC),该机构很快成为切斯银行对外发展的主渠道。1930 年切斯国民银行与

[①] 克里夫兰德、候尔塔斯:《花旗银行 1812—1970》,第 184 页;Harold van B. Cleveland and Thomas F. Huertas, *Citibank 1812—1970* (Cambridge, MA: Harvard University Press, 1985), p.124 and footnote 37 on p.379.

公平信托公司合并,后者当时在中国大陆开办的银行名为"大通银行",此中文名此后由切斯国民银行及其后续机构沿用。

1919年美国国会通过《埃奇法》(*Edge Act of 1919*),允许联邦注册的金融机构在境外从事银行业务并持股国外机构,还允许在国外注册的美资机构在境内从事相关业务。该法旨在减少对美资金融机构国际化发展的政策限制,效法欧洲国家的做法,缩小此领域中美国与外国的差距。1955年,切斯银行(大通银行)与另外四大银行(纽约市的化学银行、波士顿第一国民银行、匹兹堡的梅隆国民银行、底特律的国民银行)合计出资1 000万美元,组建"美利坚海外金融公司"(AOFC),大规模开展贸易信贷,重点服务对象是直接开展进出口贸易的美国制造业企业。该公司成立时与美国进出口银行(Ex-Im Bank)达成君子协议,前者提供贸易信贷,后者提供担保。美国进出口银行成立于罗斯福新政时期,主要向购买美国商品的国外进口商提供信贷,同时兼营进出口保险业务。该机构的业务有时会与商业银行发生竞争,例如切斯银行在1957年发现其客户从美国进出口银行获得信贷,认为君子协议已被违背,决定退出美利坚海外金融公司,自谋出路。[①]

---

① John Donald Wilson, *The Chase: The Chase Manhattan Bank, N.A., 1945—1985* (Brighton, MA: Harvard Business School Press, 1986), pp.95–96.

第四章 跨境支付在20世纪的发展

许多国家出于防范金融风险的考虑，不允许外国银行在本国开办分行，但可同意外资机构在本国设立子行（subsidiaries）。子行不同于分行，虽也由母行控股，但在东道国具有独立法人地位，完全接受东道国的金融监管。依照法律，子行与母行的风险相互隔离，母行发生问题不必然影响子行，反之亦然。为此，切斯银行（大通银行）依据《埃奇法》于1947年注册成立了切斯·曼哈顿银行公司（后改名为切斯·曼哈顿海外银行公司），以此为依托专门持股境外子行，扩展自己的海外银行网络。[①]

对国民城市银行（花旗银行）和切斯银行（大通银行）来说，跨境支付仅为其国际银行业务的一小部分，且与贸易信贷业务密不可分。在20世纪大多数时候，跨境支付的需求主体是企业，尤其是从事进出口贸易的企业。这些企业对跨境支付的需求通常伴随对相关金融服务的需求，例如信贷、担保和保险。一般而言，银行从贸易信贷和担保业务中获得的收益远多于单纯的跨境支付服务获得的收益。由于这些因素，在20世纪商业银行承担的各项国际业务中，跨境支付往往处于从属地位。

在德国，20世纪前半期基本形成了银行业中的"三足鼎立"格局，它们分别是全国性合股大银行、州县储蓄银行和乡镇合作银行。这三类银行各自有一套银行间结算系统，借此它们皆

---

① Wilson, *The Chase: The Chase Manhattan Bank, N.A., 1945—1985*, p.99.

可向本行客户提供支付（转账）服务。二战结束后，西德制造业中许多中小企业积极发展对外出口，并从本地储蓄银行或合作银行得到跨境支付服务。受益于免税待遇、地方政府强有力的支持和保护以及自成一体的结算系统，德国储蓄银行和合作银行的增长速度高于合股大银行。1950—1966 年，德国储蓄银行和转账银行资产额由 120 亿马克增至 1 860 亿马克，年均增长 18.7%；而大银行资产总额同期内仅从 70 亿马克增至 460 亿马克，年均增长 12.5%。[①] 包括德意志银行在内的许多合股银行和私人银行长期以来都在呼吁政府取消对储蓄银行和合作银行的特殊政策待遇，却一直难能如愿。1967 年，德意志联邦共和国经济部长宣布两年后实行利率自由化，包括德意志银行在内的大银行倍感压力剧增，深恐中小银行将再次占据上风。[②] 后来，德意志境内的三类银行都得到了足够大的发展空间，相互之间既有竞争又有合作。

1968 年，德意志银行推出支票卡产品，个人支票客户凭借此卡可在几乎所有消费场所使用支票。一年后，德意志银行与来自 18 个欧洲国家的银行合作，推出"欧洲支票系统"，参与

---

① Werner Plumpe, Alexander Nützenadel, Catherine Schenk, *Deutsche Bank: The Global Hausbank, 1870—2020* (London: Bloomsbury Publishing, 2020), p.399.（在德国，所有参加银行间结算体系的金融机构皆称为"转账银行"。）

② Plumpe, Nützenadel, Schenk, *Deutsche Bank*, pp.399-400.

该系统的任一国家的个人客户签署的支票都可被另一成员国的商家和银行所接受，借此实现个人支票跨境兑付。1977年，德意志银行联合本国的其他合股大银行、储蓄银行、合作银行以及欧洲其他国家的银行推出"欧陆卡/欧罗卡"（Eurocard）——一种可在欧洲多国使用的信用卡。至1981年，1 500万德意志人（西德人）和3 900万西德以外的欧洲人持有此卡。[①] 西德人大量使用信用卡主要是利用其非现金支付功能，此不同于利用信用卡进行透支消费的美国人。[②] 跨境信用卡在西德的普及，表明该国三类银行都是国内支付体系的重要组成机构并在相互间开展广泛合作，而德意志银行作为大型综合性银行则在推动零售市场跨境支付工具发展上发挥着主导作用。

各国商业银行（包括全能银行在内）之所以能在20世纪后半期成为跨境支付的主角，取代商人银行、投资银行或外贸银行的地位，基本原因在于商业银行在跨境支付领域拥有三大优势。

第一，客户群体优势。位于大城市和金融中心城市的商人银行或投资银行主要服务"精英企业"和商贸大公司，其为历史上跨境支付需求的主体客户。随着经济发展，越来越多的普

---

① Plumpe, Nützenadel, Schenk, *Deutsche Bank*, p.401.
② Plumpe, Nützenadel, Schenk, *Deutsche Bank*, p.395.

通企业和个人也需要跨境支付服务，而这类企业和人群多为普通商业银行的客户，分布于全国各地。

第二，网点优势。商人银行或投资银行在外地开展业务多通过代理，建立分行或分支机构对它们来说成本高，收益不足。相对而言，商业银行因拥有客户群体优势，业务更加多样化，有能力在更多地方设立网点，同时开展代理业务，使其网点优势更加突出。

第三，资金优势。商人银行和投资银行的资金来源多为长期性的，因不提供普通支付服务而无法吸收短期存款。相比之下，商业银行的资金来源更加多样化，通过其支付服务吸收大量短期存款，而且可将短期存款用于跨境支付业务。拥有大量高流动性的资金是商业银行的特点，此使商业银行具有其他金融机构不具备的竞争优势。

从根本上说，商业银行在20世纪后半期之所以成为跨境支付服务的主提供商，是因为其已成为国内支付体系的运营主体，而且在许多发达经济体和新兴市场经济体的国内零售支付领域中已形成非现金支付占主导地位的局面。在电子支付和移动支付兴起以前，零售领域中非现金支付的三大形式是个人支票、贷记转账和直接借记，它们均依附于银行。个人支票是商业银行为符合条件的开户人提供的非现金支付工具，由开户人签发，受票人（收款人）交其银行兑现或记入存款，用途包括发放薪酬、支付货款和购物等。贷记转账（credit transfer）亦称银行转账或银行汇款，由付款人发起，其做法是付款人指示其开户银行向受付人银行账户转移指定款项。直接借记（direct debit）是付款人授权收款人向前者的开户银行发出扣款或银行转账的指示，银行在取得付款人（开户人）同意后予以执行。显然，个人支票、贷记转账和直接借记的非现金支付都以银行账户的普及为前提。非现金支付工具流行于国内支付体系后，它们也成为跨境支付领域中极受欢迎的事物，由此为各国商业银行进入跨境支付领域并快速发展提供了巨大空间。

中央银行成为国内支付体系建设的主导

在英国、美国和荷兰等国，商业银行和票据市场在工业化早期阶段快速发展，国内支付和结算体系在中央银行诞生前基本成型。由私人银行出资组建的伦敦清算所成立于1773年，此时英格兰银行虽早已成立（1696年），但其业务主要为代理政府债务及经营国内票据贴现，远非一家成熟的中央银行。伦敦清算所的成立意味着私人银行从此告别昔时路边清算的原始做法。清算所实行会员制，每家会员银行定期将收到的他行票据送至清算所，同时核对所有他行送来的本行票据，按银行将票据数额汇总，各银行之间仅就相互票据的差额进行结算。此机制称为"延时差额结算"（Deferred Net Settlement，简称 DNS），目前仍用于世界一些国家的银行间结算系统。[①] 1854 年伦敦清算所接纳首家合股银行，后来合股银行成为伦敦清算所的主角。合股银行在全国各大城市设有分行，而私人银行通常仅在一地经营，前者发行和接受票据的规模远超后者。20 世纪以来，合股银行在英国被称为"高街银行"或"清算银行"，前一种说法指它们是遍及大小城镇的零售型银行，后一种说法则指其为从事银行间支付和结算的主体。20 世纪中期后，许多中小银行以及进入英国本土的外资银行与合股银行结成代理行关系，通过合股银行再进入英国的国内支付体系并开展跨境支付结算（代理境外客户与本土客户之间的跨境支付和结算）。

在英国国内支付体系的发展进程中，英格兰银行在早期阶段的作用主要围绕票据贴现和结算。20 世纪 80 年代以来，随着通信技术的发展、金融市场的国际化和支付体系流动性风险的凸显，作为中央银行的英格兰银行开始积极参与国内支付体系建设和改革。1984 年英格兰银行与几大清算银行共同组建大额交易自动结算系统（Clearing House Automated Payment System，简称 CHAPS），此为一个实时总额高速支付系统，参

[①] 20 世纪 70 年代电子支付兴起后，"延时差额结算"常被称为"定时差额结算"（Designated-Time Net Settlement，简称 DTNS）。"差额结算"亦称"净额结算"。

第四章 跨境支付在20世纪的发展

与者包括银行、非银行金融机构、交易所和大企业等,国外机构亦可参与。"实时总额结算"(Real-Time Gross Settlement,简称 RTGS,亦称全额实时结算)的含义是,支付结算依客户需求逐笔进行,无须汇总;给付与接收之间的时差减至最低限度;结算得到第三方认可(第三方为中央银行或其专门的结算系统)。全额实时结算系统的最大好处是客户可从中得到快速和可靠的支付结算服务,为此它需要参与各方投入大量资金并在技术上确保不间断平稳运行。英国的 CHAPS 对非会员开放,境内外客户(企业和金融机构)可通过 CHAPS 会员银行使用该系统进行支付或转账。2007 年后,英格兰银行成为该系统的组织者。

在美国,国内支付体系在 19 世纪的发展亦有显著自发性。彼时,银行不被允许跨州经营,州内的银行也不被允许在外地设立分行。至 20 世纪初,全美的银行超过 2 万家,其中绝大多数是中小银行。1914 年美联储成立前,银行主要通过代理行进行票据结算,票据包括个人支票和企业汇票(银行承兑汇票)。纽约数十家银行于 1853 年组建纽约清算所协会(New York Clearing House),参照伦敦清算所模式为会员银行提供支付和结算服务,有时还为遭遇流动性困难的会员银行提供信贷支持。伦敦清算所是一家全国性结算机构,而纽约清算所协会在当时仅为一家地方性结算机构,与其类似的机构在波士顿、芝加哥及其他若干大城市也有设置。那时银行清算客户送来的支票，有时必须经过多家代理行（代理行的代理行）方可将支票送至签发行。这使得支票清算的成本极其高昂。1914年美联储成立前，美国国内支付体系高度地碎片化，很多银行在兑现客户送来的支票时大打折扣，银行客户则对此怨声载道。

美联储成立的初衷之一就是推动健全美国国内支付体系，促使各家银行按面额接受支票入账。美联储的12家联储银行在各自辖区实行会员制，区内所有国民银行必须加入联储银行并加入美联储组建的联邦结算系统（Fedwire，亦称"联邦资金转账系统"）。为推动会员银行按面额兑付客户送来的支票，美联储制定了一项特别规则：不向未照此办理的会员银行提供美联储结算服务。[1] 但是，在美国，迟至1980年才实现所有银行按面额兑付客户支票。[2]

美联储成立之初着力打造的联邦结算系统，是一个名副其实的全国性银行间支付和结算系统。该系统负责传送大额资金的银行票据支付和结算指令，在金本位制时期还负责12家联储银行之间的金币金条搬运。按照规定，12家联储银行的所有会员银行都必须参加联邦资金转账系统，并通过该系统缴纳和

---

[1] 马丁·迈耶：《货币市场》，杨万斌、黄铮译，海南出版社，2000，第158页。
[2] 戴维·埃文斯、理查德·斯默兰：《银行卡时代：消费支付的数字化革命（第二版）》，中国银联战略发展部译，中国金融出版社，2006，第44-45页。

提取它们在联邦储备系统的准备金以及在该清算系统中的资金头寸。1982年后联邦资金转账系统改为实时总额结算机制，此为世界首批实时总额结算机制之一。[①] 各国各家会员银行随时根据系统指令逐笔支付和转账（"系统指令"为系统认可的客户指令）。由于各家银行在联邦储备系统的资金头寸千差万别，它们自身的资产负债表状况也是千变万化，使得其与美联储的存款准备金要求总有出入，有的多了，有的少了。在此背景下，各家银行利用联邦资金转账系统发展出了相互拆借关系，以便及时满足存款准备金的法定要求。联邦基金利率（federal fund rate）由此在该机制中形成，并在后来成为美联储调节货币政策的重要工具。

至20世纪末，美国形成了三大结算系统并行的局面，一是联邦结算系统，面向联邦储备系统的会员银行；二是银行间自动结算系统（Clearing House Interbank Payment System，简称CHIPS），接纳各类银行，不限于联邦储备系统会员银行，国外银行亦可参加；三是自动清算所网络（ACH Network），完全电子化（无纸化）的支付和结算系统，成员包括许多储蓄银行和

[①] 文献显示，丹麦为首家（1981年），此后至21世纪初世界多个国家和地区央行主导了结算机制转变，参见 Masashi Nakajima, *Payment System Technologies and Functions: Innovations and Developments* (Hershey, Pennsylvania: IGI Global, 2011), Table 1, p.58.

信用合作社等。此外,联邦结算系统与数家专业托管机构合作,负责政府债券、公司债券以及股票交易的清分和结算业务。

在德国、法国和日本等国,中央银行皆在不同程度上参与国内支付体系的建设,创建银行间结算体系的动议多由商业银行发起。中央银行积极介入国内支付体系并开始发挥主导作用,在多国始于二战结束后,尤其是20世纪70年代后。中央银行日益重视国内支付体系的建设和发展,出于下述五大缘由。

第一,一体化的支付和结算体系不仅在效率上优于分散化的、多层代理的网络体系,而且具有突出的跨机构、跨地区甚至跨行业的特点,因此,具有较高权威的中央银行正好可发挥主导作用。

第二,国内支付体系建设,尤其是银行间结算市场的发展,关乎货币政策操作。中央银行的重要职责是确保国内金融体系的流动性,尤其在必要时为金融机构提供流动性支持。金融机构遭遇流动性冲击,首先会表现在银行间结算系统中,因此,中央银行成为该系统的参与者和运营者的重要性自然不言而喻。

第三,银行间结算体系和/或大额结算体系是国内支付与跨境支付的连接环节,中央银行主导此类结算体系的建设有利于在国内支付与跨境支付之间建起一道"盾牌"或"保护膜"。借此,中央银行代表主权政府在国内支付体系与跨境支付体系之间建立起适当的转换机制和规范。

第四，国内支付和跨境支付具有隔离外来风险的重要作用。20世纪70年代以来，许多欧美国家开始对外开放市场，尤其是开放金融市场，由此使得支付体系在阻断金融风险国际传递上的作用日益凸显。1974年6月，西德的赫斯塔特银行（Bankhaus Herstatt）突然被当局关闭，该银行关闭之时正处于与一家美国银行的外汇交易结算环节，突然关闭导致后者的应收款被冻结，进而引发连锁效应，美国和欧洲外汇市场及金融市场皆因此发生震荡。此为跨境支付中一大风险案例，后来人们称之为"赫斯塔特风险"（Herstatt risk），专指跨境支付（以及大宗交易）中的结算风险和交易对手风险。

第五，随着技术创新步伐的加快，支付日益成为新技术应用的重要领域，支付领域中的消费者投诉和经营机构利益冲突问题也随之增多，中央银行作为权威性的金融监管者和利益协调者，理应积极应对新技术应用带来的消费者保护和经营规范调整上的挑战。

卡网组织与跨境零售支付的发展

工业革命和工业化以来，人口跨境流动快速增长。20世纪中期以来，国际旅行和旅游更是加快增长。国际旅行和旅游带来了对跨境支付服务的新需求，高度国际化的卡网组织兴起于此时期。卡网组织的发展支持了跨境零售支付的发展。

在19世纪后半期和20世纪前半期，已出现服务个人跨境支付的工具。1841年在英国成立的托马斯·库克公司（Thomas Cook）于1845年开办商业性的国际旅游业务，随后编写了世界上第一本旅游指南，组织了第一例环球旅游团，并宣称发明了世界上最早的旅行支票。

美国运通（American Express，简称AMEX）于1891年发行的旅行者支票（Travelers Cheque）是沿用至今的个人跨境支付工具。该公司前身是三家在纽约州从事钱币钞票金银珠宝快递业务的合伙企业，1850年合并而成"美国运通"，此后不断向西部地区扩张。快递行业在当时的美国竞争激烈，不时还与邮政局争抢生意。1864年南北战争尚未结束时，邮政局推出邮局汇款（汇单，Money Order）业务，一度生意火爆。但人们很快发现邮局汇单有严重缺陷，面额可被轻易更改。运通公司于1882年推出新式汇单，异地领取须经认证，不怕丢失（此与晚清流行的票号相近）。该产品推出后，受到市场欢迎，当年就赢利数十万美元。1891年，美国运通推出旅行者支票，持票人前往欧洲旅行时可兑换当地货币，亦不必担心丢失或被盗。在这之前，美国旅行者前往欧洲通常携带信用证（letter of credit），由本国银行开具并由其在欧洲国家的指定代理行兑现，兑现的时间和地点受限于代理行的地理位置和营业时间表。美国运通则为旅行者支票开发出商户代理机制（即在银行代理之外同时加入商户代理），极大地方便了旅行者支票的兑现。1895年，美国运通公司前往巴黎开办其在欧洲的首个分行，此时它已成为一家银行。

与美国运通一样，西联（Western Union）也诞生于纽约州，1851年成立时为一家电报公司，运用新技术传送各类信息。1871年，西联开发电汇业务，为人们远距离传送钱款提供服务。其营业模式为闭环，电汇的发起端和接收端皆是本公司的网点，但不排除许多网点实际为当地商户充当西联的特约代理人。1870—1880年，西联在加拿大、拉丁美洲和欧洲多地建立了分支机构和发展代理网点，其电汇业务成为个人跨境资金流动的新方式。西联经营的成功得益于其对新技术的重视。托马斯·爱迪生（Thomas Edison）曾为西联公司工作，并在工作期间做出多项发明创造。1884年道琼斯工业股票指数创立时，西联是当时11家成分股之一。1914年西联推出记账卡（charge card），持卡人先刷卡消费后还款，此为信用卡的前身。西联一直将面向个人消费者的支付和远距离汇款当作自己主营业务，并以此为主在美国国内外开展国内支付和跨境支付服务。

20世纪初虽已有多种面向个人的非现金跨境支付工具，但它们多由单个机构及其代理商运行，服务对象不多，覆盖范围有限，营业稳定性不足。赫伯特·克拉克·胡佛（1929—1932年任美国总统）回忆其 1914 年 8 月 14 日在美国驻伦敦大使馆的见闻，当日使馆门前聚集数以千计的美国人，他们群情激奋，抗议美国政府不能保护他们在当地免受货币支付歧视，他们来英所携带的旅行支票、信用证和美元现钞等均被当地酒店和商场拒收，有的人连返美船票都订不上。① 此为一意外事件，与一战爆发英国众多商社停收外币外汇有关，非因英国政府政策改变所致。此事表明，面向个人的商业化跨境支付服务在 20 世纪初尚处初生和稚嫩状态。

  信用卡是面向大众并普及全球的非现金支付工具，亦为非现金跨境支付工具，始于 20 世纪中期。1950 年初现于纽约的大莱卡（Diners Club）为一个封闭式卡网交易系统，由持卡人（消费者）、受卡人（特约商户）和卡组织（发卡兼结算机构）组成。运通公司于 1958 年推出的运通卡（Amex Card）亦属该类型。与前述记账卡不同的是，信用卡的发行范围更广，凡能通过发卡机构信用审查的消费者都可成为持卡人；信用卡的特约商户更多，不限于一个城市或本国。因此，作为跨境支付工具，信用卡比记账卡有更广泛的应用性。

  1966 年，美国同时诞生了两大信用卡网络组织，维萨

---

① 赫伯特·克拉克·胡佛：《冒险年代》，钱峰译，上海三联书店，2017，第 140 页。

（Visa）和万事达（Mastercard），二者皆为开放式卡网交易系统。两大卡组织以各自的会员银行作为发卡方，会员银行同时也是收单方，持卡人在特约商户刷卡消费后，商户将单据信息传递至收单银行，收单银行汇集各特约商户的单据信息后转给卡网组织（维萨、万事达或者与两者有合作关系的本地卡网组织），卡网组织负责清分和结算代理（跨地、跨行和跨国界的结算往往需要通过有关国家的银行间结算系统）。在持卡消费者、特约商户、发卡行、收单行以及卡网组织之间存在互惠机制。持卡消费者通常会向发卡行缴纳年费，发卡行由此得到它建立和发展特约商户网的固定投资成本并将部分收入与卡网组织分享；特约商户的销售额会因消费者的刷卡行为而增加，故愿向收单行和卡网组织让渡一定百分点（如销售额的1%）；此外，取决于具体的商业环境和当事方的协议，卡网组织可将来自特约商户的部分收入转让给收单行；最重要的是，信用卡持卡人之所以乐意持卡和刷卡，乃是因为其不仅能从中获得支付便利，而且在需要时可得信贷支持，由此在一定程度上减少普通消费者时常面临的流动性制约；对许多中小企业家来说，信用卡还具有获得循环信贷和方便财务管理的功能。总而言之，信用卡是一种多方利益均沾的合作机制，网络组织发挥了平台组织者的重要作用，其经营秘诀在于为各方参与者提供协同效用，即只有通过合作才能获得和分享效益。

实践中，卡网系统的组织者与有关参与者，尤其是持卡消费者和特约商户，有时会在收费和折扣等问题上出现意见分歧。卡网组织在有的国家经常接受涉及反垄断法的质询。总的来看，至 20 世纪初，信用卡和后来得到更快发展的借记卡以及借记与信用的混合卡已普及于世界许多国家。

信用卡发展过程中特别突出的一个趋势是，几乎所有的卡组织在兴起之初就积极开展国际业务，将信用卡推向国外市场，使信用卡成为国际旅行者不可或缺的跨境支付工具。大莱卡创办于 1950 年，1953 年扩展到加拿大，1955 年扩展到欧洲、南美洲以及北非和中东地区。运通卡于 1958 年开始发行，一开始就利用运通公司已经拥有的海外特约商户网络，让持卡人实现跨境支付和消费。

维萨卡的主创者是美利坚银行（Bank of America），其自 1968 年前往加拿大、法国和英国等地，授权当地银行发行美行卡（BankAmericard），至 1972 年收单银行和特约商户已遍及 15 个国家。1977 年维萨组织与美利坚银行就二者信用卡的国际业务进行重组，组建维萨国际组织，此后美国以外各国发行的美行卡一律采用"VISA"标识，境外会员银行和特约商户皆纳入该系统。

万事达卡的前身是"银行间卡协会"（Interbank Card Association，简称 ICA），亦于 1968 年起积极开拓国外市场，先后前往墨西哥、日本和欧洲多国。德意志银行曾联合欧洲多家银行开发出当地通行的信用卡（欧陆卡/欧罗卡），即是对即将到来的美资卡网组织提前做出反应。后来，万事达卡与欧陆卡/欧罗卡成为合作伙伴，两家卡网组织的系统相互衔接，两卡的持卡人由此得到更大范围内的跨境支付便利。1979年，"银行间卡协会"更名为"万事达国际组织"。至20世纪末，维萨和万事达已成为覆盖全球的信用卡网络，其伙伴银行（会员银行）和特约商户遍布世界各国。

在经济全球化大背景下，消费者对跨境支付的需求与日俱增。对消费者而言，信用卡的国际接受性（是否可被国外商户和银行受理）是决定消费者选卡的关键因素。随着各国经济增长跃上新台阶，用途广泛并可作为跨境支付工具的信用卡越发受消费者欢迎。卡网系统的国际化发展充分显示了国内支付体系与跨境支付的紧密互动关系。

欧元区结算体系的创立和发展

一般而言，跨境支付不仅涉及不同国家或行政区，而且牵涉货币兑换。20世纪最后20年跨境支付发展的一大变化是欧洲诞生统一货币，在欧元区范围内成员国之间的跨境支付不再需要经历货币兑换的环节。换言之，欧元区范围内的跨境支付与国内支付的差别大为缩小。

欧洲是近代以来世界上爆发国际冲突最多且破坏程度最大的地区。二战结束后，欧洲国家寻求和平发展，在关税同盟的基础上推出更高层次的经济一体化政策。1971年后布雷顿森林体系摇摇欲坠，欧洲多国寻求稳定汇率，开始实行联合浮动的汇率体制。在多年努力后，11个欧洲国家于1999年1月1日推出单一货币，将其原有的货币（德国马克、法国法郎、意大利里拉等）一劳永逸地转换为欧元。截至2023年1月，欧元区有20个成员国，人口总数超过3亿。

在欧元体系内，欧元区成员国之间的交易媒介和支付工具皆为欧元，此与国内交易和支付毫无差别。但是，欧元区各成员国仍是充分意义上的主权国家，各国居民之间的交易——包括旅行支出、贸易往来和证券投资等——仍为跨境支付，受本国法律和政府政策的约束，当然同时也受欧盟和欧元区有关机构法规和政策的约束。

在欧元推出以前，各国跨境零售支付和大宗贸易结算主要通过卡网组织和代理行进行，如前所述，此为分散化的网络体系。欧元区成员国建立的结算系统非同于此。实行单一货币制度意味着成员国中央银行之间以及其与统一的中央银行之间频繁发生大规模的资金往来，由此要求建立一个相适应的跨央行结算系统。基于此需要，欧洲中央银行（European Central

Bank，简称 ECB）在诞生之初便积极推动创建"单一欧元支付区"（Single Euro Payment Area，简称 SEPA）。2001 年 7 月欧元现钞和硬币投入运行后，欧元区推出"跨欧自动实时全额结算快速转账系统"（Trans-European Automated Real-time Gross Settlement Express Transfer，简称 TARGET，即"目标机制"）。该系统连接成员国中央银行的结算系统，由欧洲中央银行负责协调和实施。按要求，欧元区成员国的主要商业银行和金融机构均加入该系统，所有大额支付和转账都通过该系统。参与者分为直接会员和代理会员，直接会员须在该系统开设账户，缴纳存款，负责自身账户以及所代理客户的资金与系统内其他账户之间的转移和结算。非欧元区金融机构可与直接会员建立代理关系而成为此系统的间接参与者。

"目标机制"投入运行后，人们很快发现其至少有三个局限性。第一，设计不够标准化和程序化，每当有新成员国加入欧元区时，现有成员国的结算系统和运行程序必须为此进行大调整，费时又费力。第二，"目标机制"依据传统代理行模式而吸收存款（备付金），但面对每天数额巨大的跨机构和跨国界支付，该机制掌握的备付金不足以应对可能出现的结算资金缺口。简言之，"目标机制"存在流动性风险。第三，初始版"目标机制"与成员国现有支付结算系统有交叉重叠之处，将其升级换代和提高运行效率后可替代许多现有支付结算系统，有利于提升欧元区大范围内"国内支付"和"跨境支付"体系的整体效率。

欧洲中央银行体系自 2002 年组织升级改造结算系统，具体工作由法兰西银行、德意志联邦银行和意大利银行（三国中央银行）牵头实施，最终目标是建成"单一共享平台"（Single Shared Platform，简称 SSP）。2007 年欧盟委员会发布"支付服务指令"（PSD 2007/64/EC），确立欧盟范围内支付服务法律框架协调的基本原则，为区域内支付服务产业的从业者和参与者行为守则，旨在推行成员国之间跨境支付服务发展的同时确保该产业的公平竞争性。[①] 在此背景下推出的欧元区新结算系统被称为"目标机制二期"（TARGET II），于 2007 年 11 月问世。该系统分阶段接入欧元区成员国中央银行及欧洲中央银行的子结算系统，第一批接入国为奥地利、塞浦路斯、德国、拉脱维亚、立陶宛、卢森堡、马耳他和斯洛文尼亚；三个月后接入第二批国家，即比利时、芬兰、法国、爱尔兰、荷兰、葡萄牙和西班牙；2008 年 5 月接入欧元区其他成员国，包括丹麦、爱沙尼亚、希腊、意大利、波兰，以及欧洲中央银行。三个阶段皆未发生重要问题，迁入工作全部顺利完成。新系统很快扩大了

---

① Dominique Rambure and Alec Nacamuli, *Payment Systems: From the Salt Mines to the Board Room* (London: Palgrave Macmillan, 2008), p.79.

每日结算的资金规模。至 2010 年，日均处理近 35 万笔交易，日均结算金额近 2.3 万亿欧元。

欧元区新一代"单一共享平台"或"目标机制二期"是内涵广泛的结算服务体系，力求服务面广、结算时间快、实施统一标准及低费率。它有多个模块可供参与者选择，支付模块是其中最基本的服务模块。此外还有信息与控制模块（Information and Control Module）、本土账户模块（Home Accounting Module）、常备便利模块（Standing Facilities Module）和储备管理模块（Reserve Management Module）等。成员国央行参加几乎所有模块，但银行和其他金融机构可依自身需要挑选。"本土账户模块"特为成员国央行所设计，便于其链接早先已有的本国结算系统，并借此掌握本国金融机构之间的结算信息。"目标机制二期"包含"本土账户模块"意味着，欧元区各成员国国内结算系统借此实现跨国链接，体现了支付基础设施的互联模式。

"目标机制二期"继续实行实时总额结算制度，所需要的备付金数额庞大，远高于差额结算制度所需要的水平。为提高效率，避免占用各会员机构（包括各成员国央行）过多的现金资源，"目标机制二期"采用抵押资产复合认证制，即欧央行和各成员国央行分别认证抵押资产的品种并将它们纳入备付金账户。这样，结算系统的抵押资产（备付金）就包括现金和合格证券（主要为成员国政府发行的债券）。

结算体系抵押资产的双重认证制，客观而言，反映了欧元区联邦体制的特征，即它为各成员国原有的国家货币体系的集合。欧洲中央银行既独立于欧洲联盟，又独立于成员国中央银行，作为欧元的发行和管理机构，其亦为"欧洲中央银行体系"（European System of Central Banks，简称 ESCB）的一部分。除了欧央行，该体系还包括成员国中央银行，其为欧元的联合发行机构和国家配给中心，亦是欧元区货币政策决策的参与者。欧洲中央银行体系是欧元区作为一个货币事务联邦在组织上的体现。正是这种国家联合体的特征促成了"目标机制二期"在结算系统可接受的抵押资产上实行双重认证的制度安排。

2014 年，欧元区成员国希腊爆发主权债务危机，有人认为欧元区新一代结算体系（"目标机制二期"）对此负有一定责任，因为该机制允许出现持续贸易逆差的成员国央行利用结算系统提供的信贷机制继续资助跨境支付和结算，导致贸易逆差进一步长期化，即主权债务不断累积，并最终引发主权债务危机。此观点发表后引来许多争议。客观地说，"目标机制二期"并非欧元区成员国中央银行的"自动提款机"，各国央行向结算系统提供的抵押资产非长期限和低流动性的主权债券。欧元区成员国发生主权债务危机的根本原因是部分成员国财政约束机制和信息披露机制不健全。

至 2020 年，超过 1 000 家银行可通过"目标机制二期"发起欧元支付，全球超过 52 000 家银行及分支机构可通过"目标机制二期"为它们的客户提供欧元支付服务。2023 年 3 月，"目标机制二期"开始向新的欧元区结算系统"T2 批发支付系统"业务迁移。

本书绪论提及，跨境支付的后端安排有一种互联模式，即一国的结算系统与另一国的结算系统相链接。上述欧元区"目标机制二期"包含互联模式，即一个成员国的国内结算系统与另一成员国的国内结算系统相链接，同时体现国内结算系统的国际化发展和外国结算系统对本国的渗透。在欧元区以外，目前世界上的类似事例寥寥无几，仅有"墨西哥直达"（Directo a México）和"阿拉伯区域支付系统"（Arab Regional Payment System）。墨西哥直达建于 2003 年，由美国的自动清算所（ACH）与墨西哥银行（墨西哥的中央银行）的实时全额结算系统（西班牙语中简称 SPEI）相互链接，两国存款机构皆可为各自客户向对方客户转账汇款。由于多种原因，美墨之间的大量跨境资金流动实际上并未使用该机制。2003—2016 年，墨西哥直达的业务量仅占两国间跨境交易笔数的 6% 和金额的 10%，大量实际交易未使用该机制。[1] 一般而言，互联机制对参与各

---

[1] Committee on Payments and Market Infrastructure (CPMI), Cross-border retail payments, Bank of International Settlements, February 2018, pp.24–25.

方有着很高的合规要求,而由于大量非法移民和地下经济的存在,美墨之间的许多资金流动不满足合规要求,因而难以使用墨西哥直达机制。

跨境支付国际网络的基础设施建设

在 19 世纪和 20 世纪前半期,跨境支付的需求主体是贸易企业和以欧美国家为母国的跨国公司;国际借贷虽已出现,但主要发生在主权国家之间,且多为主权政府借贷;商务国际旅行者和商业性国际旅游团队多来自少数工业化国家,其对跨境支付的需求未成气候。而在 20 世纪后半期,跨境支付出现跳跃式的大发展。二战结束后,随着各国经济复苏和快速增长,国际贸易、国际直接投资、国际借贷和国际证券投资持续扩张,它们共同促成了跨境支付需求的爆炸性增长。

20 世纪 80 年代以来,跨境证券投资和个人跨境旅行活动大量增多,对跨境支付提出新的需求。尤为重要的是,20 世纪 70 年代国际形势缓和、20 世纪 90 年代初冷战结束后,跨境支付在人类历史上首次成为全球普及性的活动,包括主权政府、金融机构、企事业机构和个人在内的各类主体都成为跨境支付的需求方,发达国家和发展中国家无一例外。在此背景下,国际社会产生出了建设和改善跨境支付国际网络基础设施的强烈需求，环球银行金融电信协会（SWIFT）和连续连接结算机制（CLS）皆为跨境支付国际网络发展的产物。

二战结束至 20 世纪 70 年代，各国跨境支付业务日益繁忙，欧美国家之间的跨境支付主要依赖传统的代理行模式。随着业务量急剧膨胀、参与机构不断增多、交易指令日益繁杂，传统代理行模式逐渐暴露出诸多问题，包括付款流程缓慢、交易成本高昂和交易信息不透明等。设想北美某地商户（付方）通过银行向欧洲大陆国家的客户（收方）发起付款，仅就信息传送而言就会发生多个环节的转递。第一，该客户在本地的开户行会记录下付方指令，然后传至其在金融中心城市的代理行（如纽约的花旗银行或大通银行）；第二，美国金融中心城市代理行将信息传至欧洲大陆国家金融中心城市代理行（如法兰克福的德意志银行）；第三，欧洲大陆国家金融中心代理行将信息传至德国境内某个城市的代理行，此时信息语言或由英语转为德语；第四，德国境内某个城市代理行将信息传至受方的开户行，该行或为前者的分支行或为其代理行。在上述每个信息传送步骤，各银行皆使用电传机（telex），其规格、型号互不相同，文本格式亦千差万别，误差、遗漏在所难免。为此，各银行投入大量人力、物力，不仅反复核对信息，还会尽量缩减信息传送量。结果便是发生前述"付款流程缓慢、交易成本高昂和交易信息不透明"等问题。

在 1973 年 SWIFT 成立前，欧洲已有欧洲银行国际公司（EBIC）和欧洲公司联合银行（ABECOR）等组织。EBIC 的前身是德意志银行 1963 年发起的"欧洲顾问委员会"，参与者为德国、法国、英国、意大利以及比利时、荷兰的大银行。该委员会于 1970 年转制为公司，总部设于比利时布鲁塞尔，初始资本金为 200 万美元，主要工作为协调各银行发行个人支票跨境使用所涉及的兑付、转账和结算等。[1] ABECOR 则由另一些欧洲大银行组建于 1970 年（与欧洲银行国际公司相同），骨干成员有知名的巴克莱银行、巴黎国民银行和德累斯顿银行等，主要职能亦为协调各银行的跨境支付和结算。20 世纪 70 年代初的欧洲，众多银行在跨境支付和结算领域中出现了卡特尔化并行局面。从经济效率的角度看，并行卡特尔优于从前毫无合作或仅有初级合作的状态，但肯定不如全面和高级合作的状态。不难设想，如果巴克莱银行在英国的一位客户向德意志银行的客户发起付款，在 EBIC 和 ABECOR 出现后，就成了跨系统的事项，其效率甚至可能低于未有任何系统的时候。

EBIC 和 ABECOR 成立时美资银行皆被排除在外，它们那时已在欧洲有大量业务，而且跨大西洋贸易和人员往来此时期

---

[1] Susan V. Scott and Markos Zachariadis, *The Society for Worldwide Interbank Financial Telecommunication (SWIFT): Cooperative governance for network innovation, standards, and community* (London and New York: Routledge, 2013), Note 9, p.22.

亦在蓬勃发展中。EBIC 和 ABECOR 作为区域性的组织显然有其局限性，不适合世界范围内的跨境支付发展。

美欧多家银行为组建跨洲国际合作组织，经过数年沟通协商，并争取到各国政府和国内相关机构的同意，于 1973 年发起成立 SWIFT。该机构是银行系统跨境支付的信息传送平台，提供跨境支付和结算相关的信息规范，以此确保跨境支付所需要的跨境信息流动及其效率。SWIFT 由会员银行所有，依比利时法律注册，总部设于布鲁塞尔，是一家合作组织（cooperative society），即非营利机构。该机构的会员银行遍布世界各国，并吸收与支付相关的企业和机构参加。SWIFT 在 1973—2006 年共有 9 任董事会主席，其国籍分别是荷兰（两任）、法国（两任）、瑞典、美国（两任）、奥地利和英国。[1]

1976 年 SWIFT 推出电信终端（SWIFTNet）和报文规范。自投入运作以来，SWIFT 多次改进服务硬件和软件，并已成为银行间跨境支付便捷高效的代名词。21 世纪以来，参与和使用 SWIFT 系统的国家超过 200 个，系统一年处理转账信息超过 50 亿条。毫无疑问，自创立以来，SWIFT 已发展成为当今世界最具全球性的跨境支付和结算的信息传输系统和信息交换中心，是跨境支付和结算领域的重要基础设施。

---

[1] Scott and Zachariadis, *The Society for Worldwide Interbank Financial Telecommunication (SWIFT)*, Table 1.1, p.16.

SWIFT 不是跨境支付的结算系统，其基本作用是为各国的结算系统提供信息服务。如前所述，20 世纪后半期以来，各国结算系统多由中央银行主导，主要面向本国的银行和金融机构，以本币为计价单位和交易媒介。很多发达国家的本币结算系统对外资金融机构开放，通过本土金融机构与外资金融机构的代理网络为跨境支付提供结算服务。美元、欧元、英镑和日元等皆属此类。与此对应的是，SWIFT 的报文规范和信息服务范围覆盖了美元、欧元、英镑和日元等币种，即它是跨币种的跨境支付信息服务系统。

SWIFT 的基本功能是为全球范围的跨境支付提供信息服务支持，此外，它还担负着促进信息流动合规和促进跨境支付产业发展的职责。就促进信息流动合规而言，SWIFT 接受欧盟委员会、国际清算银行和金融稳定委员会（Financial Stability Board，简称 FSB）等国际组织的政策指导，防止信息服务平台被洗钱和恐怖融资活动所利用。就促进跨境支付产业发展而言，SWIFT 建有多种联络机制，定期召开服务商和技术支持商大会，大力推动信息服务平台各类参与者的沟通交流。

20 世纪 70 年代布雷顿森林体系瓦解以来，在世界所有金融市场中，外汇交易规模最大，持续快速增长，增长势头在 21 世纪初以来尤为迅猛。世界各国每日外汇交易额在 2001 年为 1.2 万亿美元，至 2022 年升为 7.5 万亿美元，年均增速超过 9%。

在所有外汇交易中，涉及美元的交易最多，占比为88%（按双边统计折算为44%）；欧元为第二大交易货币，占比为31%（按双边统计折算为16%，以下类推）。日元和英镑分别占所有交易的17%和13%。新兴市场经济体的货币也在获得市场份额，2022年占全球交易额的26%，其中人民币交易量最大，占全球交易额的7%。[1] 外汇市场交易规模如此庞大，因跨币种交易产生的结算风险（settlement risk）或交易对手风险值得高度关注。1974年德国赫斯塔特银行突然关闭，其在外汇市场上的交易对手——美国一家重要商业银行因未及时收到应收款而面临违约风险，世界外汇市场出现重大波动。后来，外汇市场上的交易对手风险和结算风险皆被称为"赫斯塔特风险"。赫斯塔特银行事件发生后，人们认识到，跨境支付所面临的"赫斯塔特风险"不可小觑，尤其对交易银行和跨国投资机构来说。十国集团（Group of Ten）成立于1961年，成员国为美国、英国、德国、法国、日本等发达国家，初衷为促进各国货币当局在黄金和外汇储备事务上的协调，布雷顿森林体系瓦解后成为其国际货币金融事务的政策沟通平台。赫斯塔特银行事件发生后，十国集团和国际清算银行皆呼吁金融机构采取措施积极防范外汇交易

---

[1] Patrick McGuire, BIS Triennial Central Bank Survey of Foreign Exchange and Over-the-counter (OTC) Derivatives Markets in 2022 (2022 Triennial Survey), October 2022.

的"赫斯塔特风险"。经过 20 多年的探讨，数家国际大银行于 1997 年联手组建了一家新型机构从事跨境外汇支付结算，旨在消除"赫斯塔特风险"。① 2002 年，"连续连接结算银行"（CLS 银行）的服务范围包括 7 种货币（后来扩至 10 多种货币），主营外汇支付和结算。几年后，全球超过 95% 的日常外汇交易通过 CLS 银行进行，每日交易笔数近 50 万笔，交易额达 3.8 万亿美元。②

CLS 银行采用新的付款和信用方式，即同步交收（Payment versus Payment，简称 PvP）模式，使涉及交易的两种货币均于同一时间完成交割，以此降低外汇市场跨币种结算风险。截至 2022 年，CLS 银行提供两种同步交收机制（PvP arrangement），一种是 CLSSettlement，其发起于 2002 年，支持 18 种货币，包括多数发达经济体系的主要货币和 3 种新兴市场经济体的货币，是全球最大的同步交收机制。另一种是 CLSNow，于 2019 年推出，支持 4 个发达经济体的 6 对货币交易。这两种同步交收机制均采用同时全额结算（Simultaneous Gross Settlement）。图 4-3 刻画了 CLS 银行的业务流程。该图中，大额货币交易发生

---

① Park, Y. S., *The Inefficiencies of Cross-border Payments: How Current Forces Are Shaping the Future*, Visa Commercial, November 2006, p.24.

② Rambure and Nacamuli, *Payment Systems: From the Salt Mines to the Board Room*, p.147.

在两端客户之间，分别由银行甲和银行乙代表，双方使用的货币互异，故须经过一个中间环节（货币兑换）。倘若没有中间交易者（即此处的 CLS 银行），任一客户的违约将使两银行中至少一家遭受本金损失。CLS 银行介入交易过程，充当"受信任的第三方"，仅在收到卖出货币后支付买入货币；此时，倘若交易对手之一未完成支付，CLS 银行只需将本金退还给已支付一方，所有相关方（银行和客户）皆不会遭受任何本金损失。

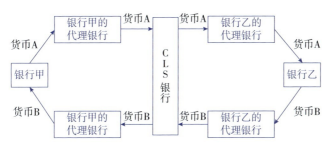

图 4-3　CLS 银行业务流程

实践中，CLS 银行通过每种货币的主要银行为相应货币的结算提供备用信贷额度（standby lines of credit），借此降低流动性风险。例如，在美英之间的 CLS 银行，美元备付金（备用信贷额度）由美资银行提供，英镑备付金由英资银行提供。每种货币的备付金提供方不止一家银行，通常为数家颇具规模的同国银行。这种制度安排，有利于防止因一家银行的意外违约而导致 CLS 机制的停运，即预防 CLS 机制的流动性风险。如

图4-4所示,当某家银行(图中左端的银行甲)遭遇意外,它即与CLS运行机制脱钩,而CLS机制仍可继续运行,因为此端备付金上出现的任何短缺可由该国其他银行弥补。由此可见,CLS是一种银行间合作机制,同时也是跨国银行合作机制,可视为具有恒久性的辛迪加(银团)组织形式。实践中,它附属于大型银行,作为其下属部门,但具有相对独立的经营和核算机制。其服务对象主要是各类金融机构(包括证券投资基金),它们大量涉足国际证券交易和投资,常与国外交易对手进行金融资产互换。由此可见,CLS是服务于跨境证券投资及其所需跨境支付和结算的基础设施。

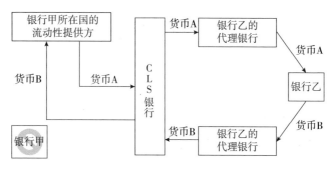

图4-4 备用信贷额度运作原理

当然,CLS仍存在若干局限。首先,它并未实现全球普及,目前主要通行于对外金融开放达到很高程度的国家。其次,它并未完全消除流动性风险,因为其备用信贷额度小于实际交易的金额。最后，CLS 为缩小交易对手风险和流动性风险而投入大量资源（包括备用信贷额度），并为服务对象设置很高的门槛，适用范围有限。

需要指出的是，除了 CLS 银行，世界上还有其他几个同步交收机制。2017 年，中国外汇交易中心依托大额支付系统推出人民币对卢布交易同步交收业务，这标志着我国外汇市场正式建立人民币对外币同步交收机制。另外，巴西外汇交易清算所（B3 SA）和印度清算有限公司（Clearing Corporation of India Ltd，简称 CCIL）担保结算，支持本国货币与美元的同步交收，采用净额结算和中央交易对手（CCP）机制，用于管理交易对手风险，包括风险敞口限额、保证金、违约基金和损失分担安排等。香港银行同业结算有限公司（Hong Kong Interbank Clearing Ltd）的结算所自动转账系统（Clearing House Automated Transfer System，简称 CHATS）不担保结算，采用如 CLS 银行一样的即时全额结算，支持港元、印度尼西亚卢比（IDR）、马来西亚林吉特（MYR）和泰铢（THB）与人民币、欧元、美元之间的外汇结算。尽管该系统保证参与者免受本金风险（即损失全部本金的风险）的影响，但参与者仍然面临流动性风险（即可能无法及时收到外汇）和重置成本风险（即以变动后的市场价格替换原始交易而产生额外成本）。

作为跨境人民币支付清算的主渠道，人民币跨境支付系统

（Cross-border Interbank Payment System，简称 CIPS）承担起连接境内和境外的桥梁作用。该系统始建于 2012 年 4 月，2015 年 10 月启动。系统针对关于跨境人民币支付的多种需求，借助科技力量，陆续研发出一系列新的业务功能。一是提供"债券通"跨境资金结算业务。2017 年"债券通北向通"开通，CIPS 系统采用券款对付（DvP）模式，支持中国内地与中国香港债券结算，实现了中国香港地区及其他国家和地区的境外投资者经由中国香港与中国内地实现交易、托管、结算等互联互通。2021 年债券通"南向通"落地，CIPS 系统适时开通港元业务，同时支持人民币、港元资金结算，提供点对点清算服务，进一步缩短外币业务汇款路径。二是推出清算机构借贷业务功能，连接境内外转接清算机构和快捷支付工具，便利港澳居民在内地使用香港电子钱包，满足其衣、食、住、行的各个应用场景，免去换汇的麻烦。三是为 2021 年 10 月开通的粤港澳大湾区"跨境理财通"提供跨境资金汇划服务，利用自身业务功能及支付平台数据整合能力，提供高效、快捷的支付体验和额度统计功能，便利粤港澳大湾区居民便捷地跨境购买银行理财产品。四是创新资金托管行安排，做好对境外直接参与者（直参）的资金清算服务。五是推出 CIPS 标准收发器作为市场机构接入 CIPS 系统的业务处理平台，CIPS 标准收发器采用 ISO 20022 标准和全球法人机构识别编码（LEI），实现了人民币跨境支付各节点全程平滑无缝连接，打通了人民币跨境清算"最后一公里"。

至 2022 年前后，中国工商银行、中国建设银行、中国农业银行、中国银行和交通银行等 5 家境内直参获得资金托管行资格，由其为境外直参接入 CIPS 系统提供托管账户服务。2021 年，CIPS 稳定运行，累计处理跨境人民币业务 334.16 万笔，金额达 79.60 万亿元，同比分别增长 51.6% 和 75.8%，CIPS 新增直接参与者 33 家（其中 17 家为境外人民币清算行），新增间接参与者（间参）134 家，共有境内外 1 259 家机构通过直接或间接方式接入 CIPS，较 2015 年上线初期增加了近 6 倍。[①]

概而言之，21 世纪初以来，多个层面的跨境支付基础设施建设取得显著进展，包括中国在内的新兴市场经济体投入资源开发建设了各自的跨境支付结算体系，全球范围内诸多国家在推进跨境支付基础设施建设和发展上呈现齐头并进的新局面。

---

① 参见中国人民银行《2022 年人民币国际化报告》，第 18 页。

第五章

数字时代的跨境支付及其未来

人类进入21世纪以来，信息技术创新不断涌现。如果说20世纪最后30年是电子通信时代，21世纪初以来则为数字信息技术时代。与此同时，国际贸易、国际投资和人员国际流动蓬勃增长，跨境支付领域出现诸多重要新发展，非银行机构在支付和跨境支付产业中成为重要新角色，分布式账本技术（DLT）的应用不仅促进了加密资产的涌现，而且极大地促进了点对点模式在跨境支付领域中的探索。跨境支付领域中的国际竞争日趋激烈，多国中央银行高度重视并加紧开发数字货币。2014年以来，中国人民银行历任领导都积极推动数字人民币研发工作。陆磊先生在其近著《货币论》第二卷中还提出关于超主权数字稳定币的构想，其中一大新颖之处在于结合人工智能（AI）算法的运用。

数字时代的到来及其对跨境支付的影响

二战结束后，人类制造出第一台电子计算机"埃尼阿克"

（ENIAC）。至 20 世纪 60 年代末，早期互联网（ARPANET）出现，世界从此进入互联网时代。进入 21 世纪，随着个人计算机和移动通信设备的快速普及，个人开始有能力自由传递信息，实时获取信息，社会经济开始从传统工业经济转变为以信息管理为主的知识经济。进入 21 世纪 20 年代，以互联网、云计算、大数据、人工智能、5G、区块链、AR/VR 等为代表的新一代数字科技迅猛发展，数据成为关键生产要素，数字技术与社会深度融合，人类进入数字时代。

纯粹的数字技术（digital technology）是以 0、1 字节表达信息，是一种利用现代计算机技术将传统信息资源转换为计算机能够识别的数字信息的技术。通过该技术将各种传统形式的消息转化为可识别的二进制形式的信息，人们可以进一步在计算机上进行相关工作。信息系统的学者们认为数字技术中的"数据"具有几大特征：（1）数据同质性（homogenisation of data）；（2）数据可编辑性（editability of data）；（3）数据可再编程性（reprogrammability of data）；（4）数据自指性（self-referentiality of data）。经济研究者认为，数字技术降低了信息存储、运算以及传输的成本。更宽泛的理解是，数字技术即智能化或更加智能化。21 世纪初的数字技术的典型表现有人工智能、大数据、区块链等，但实际上数字技术并不限于这些发展，其本身并非一个确切概念，显然会随着科学技术的创新而与时俱进。毫无疑问，数字技术催生了数字经济，人们日常生活中的移动支付、网络购物等都是数字经济的主要业态。数字经济已经改变了许多经济活动的方式和模式，支付行业受到的影响尤为显著。

在微观经济层面，数字技术体现出以下几个重要作用。

第一，数字技术的使用降低了生产成本。数字技术可以通过自动化生产过程、减少人工介入等方式来提高生产效率，从而降低生产成本。例如，在电商平台上，数字技术可以通过在线支付和自动化物流来降低生产成本。这些降低成本的优势可以通过更低的价格传递给消费者，从而提高消费者的购买力。

第二，数字技术本身使市场变得更加透明。数字技术可以通过数据挖掘和分析来提供更全面的市场信息，包括商品的价格、供应量、消费者需求等。这些信息可以使得消费者更加容易地做出购买决策，也可以帮助生产者更好地了解市场需求，提高产品质量和服务质量，从而提高市场竞争力。

第三，数字技术使市场变得更加个性化。数字技术可以通过大数据和人工智能等技术来分析消费者的偏好和行为，从而提供个性化的商品和服务。例如，在电商平台上，数字技术可以根据消费者的浏览历史和购买历史来推荐适合的商品，提高消费者的满意度和忠诚度。

第四，数字技术使市场的参与者更加多样化。数字技术可以通过降低进入门槛、提供更多信息和工具等方式，吸引更多的企业和个人参与市场竞争。例如,在共享经济领域,数字技术可以通过在线平台和社交媒体等方式,让更多的人参与汽车共享、住宿共享等领域,从而促进市场的发展和壮大。又如,利用数字技术的平台能够提供更为多样化的产品与服务,形成典型的"长尾效应"(long tail),其得益于数字技术带来的更低的信息搜寻成本。这意味着消费者更容易找到稀缺和合适的商品(服务)。研究表明,在线销售商品的多样性(variety)相比线下同类商品的多样性有显著增加。① 如果产品是纵向差异化并且数字平台的边际成本为零,可证明同质性的消费者将一起购买最优的商品,形成所谓的"超级明星效应"(superstar effect)。②

---

① Erik Brynjolfsson、Yu (Jeffrey) Hu 和 Michael D. Smith 提出一个框架和实证估计,量化通过电商市场提供的产品种类增加的经济影响。虽然竞争加剧带来的效率提升显著提高了消费者剩余,例如导致平均销售价格下降,但其研究表明,通过电商市场提供的产品种类的增加可成为消费者剩余的一个更大来源。详见 Erik Brynjolfsson, Yu (Jeffrey) Hu, Michael D. Smith, "Consumer Surplus in the Digital Economy: Estimating the Value of Increased Product Variety at Online Booksellers", *Management Science* 49, no. 11 (Nov. 2003): 1580–1596.

② Bar-Isaac 等人研究了搜寻成本下降是如何产生"超级明星效应"与"长尾效应"的;如果产品同时还是水平差异化的,搜寻成本的下降将产生一个均衡,使得数字平台以充足的供给水平向消费者提供最流行的和质量最高的产品,同时长尾零售商出售利基产品(niche products),这种左右长尾的增厚并不能带来产品的平均成本的上升。详见 Heski Bar-Isaac, Guillermo Caruana, and Vicente Cuñat, "Search, Design, and Market Structure", *American Economic Review* 102, no. 2 (Apr. 2012): 1140–1160.

第五章 数字时代的跨境支付及其未来

简言之,数字技术已经成为微观经济中一个重要的变革因素,并在宏观层面上产生越来越重大的影响。这些特征正在对市场结构和竞争产生深远的影响,并带来了一些重大挑战和问题,如隐私保护、监管等,但其积极作用仍然值得我们重视和研究。

上述数字技术的微观经济学特征为本身就是处理信息的支付行业带来了许多新的机遇和挑战。一是数字技术降低了支付成本。传统的支付方式需要大量的人力和物力,如银行柜员、POS 机、自动取款机等,而数字技术可以通过移动支付、电子钱包等方式实现快捷、便利的支付服务,从而降低支付成本。数字支付还可以实现全球支付,降低跨境支付的成本,促进国际经贸的发展。二是数字技术提高了支付的安全性。数字支付可以通过多种方式进行身份验证和交易确认,如指纹识别、面部识别、短信验证码等,提高支付的安全性和可靠性。数字支付还可以通过区块链等技术实现分布式账本和去中心化交易,避免了单一机构的风险和故障。[①] 三是数字技术提供了个性化的支付服务。数字支付可

---

① 区块链是一种新型的分布式数据库,也称"分布式账本"。其利用块链式结构验证与存储数据,采用共识算法生成和更新数据,借助密码学保证数据和权属安全,并通过可编程脚本代码实现数据的协同计算。署名为中本聪的作者在 2008 年《比特币白皮书》中提出"区块链"概念,并在 2009 年创立比特币网络,开发出第一个区块,即"创世区块"。

以通过数据分析和人工智能等技术了解消费者的支付偏好和行为，从而提供个性化的支付服务。例如，一些支付平台可以根据消费者的购买历史和消费习惯推荐适合的优惠券、积分、礼品等。四是数字技术促进了支付市场的分工。数字支付平台的出现引入了原本属于银行金融机构的支付市场的竞争，吸引了更多的企业和个人参与支付市场的发展和创新。同时，数字支付还推动了跨界合作和融合发展，如支付和电商、支付和金融等，从而扩大了支付市场的规模经济和范围经济。

对于跨境支付而言，数字时代的到来加速了跨境支付的流程和效率。传统的跨境支付方式，如银行汇款，需要数天才能完成。但是随着互联网和电子支付技术的不断发展，跨境支付已经实现或正在接近实时支付。人们可以通过手机应用或在线银行服务轻松地进行跨境支付。这使得全球贸易更加便捷，也让人们更加容易进行跨境交易。数字时代的到来也使得跨境支付更加安全。传统的跨境支付方式存在着许多安全风险，如网络钓鱼和信用卡欺诈等。然而，数字支付技术的到来，使得跨境支付的安全性得到了极大的提升。现在，人们可以使用基于用户身份信息叠加认证硬件的双因素认证、包括人脸识别在内的生物特征识别等技术来确保支付的安全。此外，数字时代的到来凸显了跨境支付的透明度的重要性。在过去，跨境支付存在着很多不确定性和隐蔽性。但现在，数字支付技术可使得跨境资金的流动更加透明和可审计。人们可以随时查看自己的支付历史记录和余额,这也有助于减少欺诈行为的发生。随着数字支付技术的不断发展,跨境支付已经成为全球经济发展和贸易的重要支撑。数字支付技术的跨越式发展,使得全球经济更加紧密地联系在一起。这也有助于提高全球经济的效率和减少不必要的成本。

贝宝支付的兴起和移动支付在中国的崛起

贝宝支付(PayPal)成立于1998年,为在线支付公司,创始人为彼得·蒂尔(Peter Thiel)等。21世纪初以来,贝宝支付成为世界上最著名的在线支付系统之一,也是电子商务和网上拍卖中广泛使用的支付方式之一。

贝宝支付的创办人当初的愿望就是创造一种便捷的在线支付方式。彼时互联网上的电子商务和网上拍卖业务正在迅速增长,但其支付方式却十分烦琐,用户需要填写大量的表格和信息,还需要信用卡等金融工具,而且存在很多风险和安全隐患。于是,彼得·蒂尔和马克·安德森想创造一种在线支付系统,通过简单的方式让用户可以在线完成支付。他们创办"有限性"(Confinity)公司,其初为一家数字货币公司,冀图开发适用于在线交易的新型货币。1999年,"有限性"公司与线上支付平台公司 X.com 合并，后者的创始人是埃隆·马斯克（Elon Musk）。2000 年，公司退出数字货币市场，专注在线支付业务，并将其线上支付平台更名为"贝宝"，后来此亦为公司名。

贝宝支付成立初期，公司面临的最大挑战是如何建立一个安全可靠的在线支付系统。贝宝支付首先采用了一种基于邮箱和口令的在线支付方式，这种方式减少了传统支付方式的安全风险，同时提高了支付的便捷性。随着公司的不断发展和创新，贝宝支付逐渐引入了多种支付方式和支付工具，如信用卡支付、银行账户支付、手机支付等。

为了扩大业务范围和实现多元化经营，贝宝支付在发展历程中也进行了多次收购或被收购，其中最为著名的是于 2002 年被易贝（eBay）收购。2015 年 7 月贝宝支付从易贝独立出来，正式登陆美国资本市场，再次成为一家独立的在线支付商。此间十数年，贝宝支付还进行过多次收购。2002—2005 年，贝宝支付开始在美国以外地区扩张。2002 年，贝宝支付进入德国、英国和澳大利亚。2005 年，贝宝支付进入中国市场，与上海网付易信息技术有限公司合作开通网络支付服务。彼时贝宝支付使用人民币作为唯一的货币，不能兑换其他货币用作国际支付。[①] 此外，贝宝支付还通过收购方式进入意大利、卢森堡、加拿大、法国等国家。2013 年，贝宝支付以 8 亿美元的估值收购了移动支付初创企业 Braintree，进一步巩固了其在移动支付领域的地位。2015 年，贝宝支付以 8.9 亿美元的估值收购了另一家公司 Xoom，进一步拓展其跨境支付业务。

2006 年，贝宝支付推出首款移动支付应用 PayPal Mobile，可让用户使用手机进行在线支付。这为移动支付技术的发展开辟了新的道路。此外，贝宝支付还推出了全球交易平台 PayPal Global，使用户可以进行跨境支付。贝宝支付的跨境支付业务得到了不断的发展和壮大，为全球商业贸易提供了更便捷的支付服务。2015 年之后，由于贝宝支付独立上市，公司的业务发展获得了更大的自主权和发展空间。公司继续推出新产品和服务，如 One Touch 支付、Venmo 应用等，进一步扩大了业务领域。2018 年，贝宝支付收购了加拿大智能支付公司 Hyperwallet，以进一步拓展其在全球电商平台及卖场的支付份额。

贝宝支付在在线支付领域的主要竞争对手是维萨、万事达和美国运通等传统信用卡公司。此外，随着移动支付的兴起，贝宝支付也面临着来自支付宝、微信支付、苹果支付（Apple

---

[①] 2019年12月19日，贝宝支付宣布已完成对国付宝信息科技有限公司70%的股权收购。交易完成后，贝宝支付正式成为第一家获准在中国市场提供在线支付服务的外资支付平台。

Pay）、谷歌支付（Google Pay）等移动支付平台的激烈竞争。与此同时，数字货币的兴起也给传统在线支付带来了冲击。

总的来说，贝宝支付的兴起和发展历程都是与互联网时代的发展密不可分的，随着移动支付和数字货币等新型支付方式的出现，贝宝支付也将继续创新和发展，以适应市场变化和用户需求，成为更加优秀的在线支付公司。

随着移动互联网的快速发展，中国移动支付市场也呈现爆发式增长的态势，体现出显著的"后来居上"特征。支付宝和微信支付作为移动支付市场的两大巨头，它们的崛起对中国成为全球移动支付领先者具有重大的意义。

支付宝是中国最早的移动支付平台之一，创立于2004年。创立之初，支付宝依附于在线交易平台淘宝网，后者是成立于1999年的阿里巴巴公司在2003年推出的新型交易平台。阿里巴巴为一家总部在杭州的互联网公司，马云等人为其创始人。自创立以来，淘宝网和支付宝高速扩张，交易和服务业务量不断扩大。支付宝作为一家第三方支付担保和非银行支付机构，旨在克服在线交易过程中常见的程序烦琐和交易方违约等诸多问题。后来，支付宝服务对象扩大到淘宝网之外，成为许多移动支付客户的选择。2011年，支付宝获得中国人民银行颁发的《支付业务许可证》（"支付牌照"），此为国内首次。2013年，支付宝推出账户余额增值服务"余额宝"，将支付服务与金融服务相结合。2013 年，支付宝手机支付用户超 1 亿人，成为世界上拥有客户数量最多的支付公司之一。如早前贝宝支付与易贝的关系，支付宝最初提供的服务是在线支付，用户通过手机或电脑进行在线淘宝购物，通过支付宝完成支付。后来，支付宝又不断推出新的支付解决方案，如手机钱包、二维码支付、近场通信（NFC）支付等，为用户提供更加便捷、安全的支付方式。支付宝在金融服务领域除了有余额宝，还推出了芝麻信用、蚂蚁财富等，渐渐成为一家综合性金融服务平台。

微信支付则是兴起于中国另一个互联网巨头——腾讯公司的移动社交生态平台"微信"。腾讯公司于 1998 年由马化腾等人在深圳创办，主营业务逐渐拓展至社交、金融、投资、资讯、工具和平台等领域，其子公司专门从事各种全球互联网相关服务和产品、娱乐、人工智能和技术孵化。2013 年，腾讯推出移动支付平台"微信支付"，它主要依托于微信社交平台，用户之间通过微信支付进行转账、支付等操作。微信支付的推出，为中国移动支付市场的发展带来了新的动力。微信支付利用社交网络的优势推动支付业务的发展，提供快速、便捷的支付体验，不断推出新的支付解决方案，如刷脸支付、公共缴费、腾讯理财通等服务，满足不同用户的需求。至 21 世纪 20 年代，支付宝、微信支付分别在各自的电商领域、社交领域形成了完整的支付生态圈，为消费者提供全面的金融服务。

支付宝和微信支付的崛起，使中国成为全球移动支付市场的领先者。这不仅意味着中国的金融科技产业已经走在了世界前列，也意味着中国的数字经济已经成为世界经济的重要组成部分。这对中国经济的发展和国际地位的提升有着重要的意义。

首先，移动支付的发展促进了数字经济的发展。支付宝和微信支付的成功，是数字经济发展的缩影。数字经济是指基于数字技术的经济形态，包括互联网、移动通信、大数据、人工智能等领域。移动支付是数字经济的重要组成部分，它打破了传统金融的壁垒，加快了资金的流动和交易的速度。支付宝和微信支付的崛起，不仅推动了数字经济的发展，也为中国数字经济走向全球提供了强有力的支撑。

其次，移动支付的发展促进了消费升级。移动支付的出现，使得消费者可以随时随地进行购物和支付，不再受时间和空间的限制。支付宝和微信支付的快速发展，不仅提供了更加便捷、快速、安全的支付方式，也推动了消费升级，使得消费者可以享受更高品质的消费体验。

最后，移动支付的发展促进了金融领域的创新，提升了普惠金融水平。移动支付的成功，不仅推动了支付行业的创新发展，也为金融科技的发展提供了新的思路和契机。支付宝和微信支付不断推出新的支付解决方案和金融服务，如蚂蚁财富、芝麻信用、理财通等，不断拓展金融服务领域，为消费者提供更加全面、多元的金融服务。这种金融创新不仅有助于提升中国金融业的服务水平和国际竞争力，也有助于推动全球金融领域的发展。

随着贝宝支付、支付宝和微信支付等全球支付巨头的快速崛起，它们已经在中国和全球数字经济市场上占据了重要地位。它们的成功对数字经济的市场结构、竞争的公平性和个人隐私保护产生了深远的影响。

一是这些支付机构的快速崛起改变了数字经济的市场结构。它们的出现促进了数字经济的发展，提高了在线支付的安全性和效率，为企业和消费者带来了更好的服务体验。这些支付机构已经占据了中国乃至全球数字支付市场的主导地位，这使得其他公司面临着巨大的竞争压力，从而迫使它们不断提高其产品和服务的质量和创新性。此外，由于第三方支付平台与银行的合作密切，一些银行在数字支付方面的市场份额和利润也受到了影响。传统银行需要在数字化方面跟进，以保持市场竞争力。

二是这些支付机构的快速崛起也可能导致不公平的竞争。这些公司与其他支付机构相比，拥有更多的资源和资本，因此它们可以更容易地推出新的产品和服务。更为重要的是，巨头们依托强大的互联网生态，这使得其他机构难以跟上，并可能因此失去市场份额，产生"赢家通吃"的后果。

三是随着支付机构在数字经济中的重要性越来越大，个人隐私保护也成为一个重要问题。由于这些支付机构拥有大量的个人信息，包括消费习惯和交易记录等敏感信息，因此必须采取措施来保护这些信息的安全。当前，主流支付机构已经采取了一些措施来保护个人隐私，例如采用加密技术和增强身份验证，以确保用户数据的安全。此外，一些商家可能会滥用用户的个人信息，对用户进行推销或其他不必要的行为。因此，对于支付平台和商家来说，保护用户的个人隐私和信息安全至关重要。

跨境零售支付的流行和传统代理行的式微

跨境零售支付是指消费者在海外购买商品或服务后，使用在线支付方式完成交易的过程。随着全球经济一体化的不断深入，跨境零售市场正在迅速发展。在过去几年里，跨境零售支付在全球范围内的流行呈现了多种趋势。

一是跨境零售支付已成为全球范围内的主流支付方式。越来越多的跨境电商平台和线上市场如亚马逊（Amazon）、易贝等正在使用跨境支付服务，消费者可以选择使用多种支付方式，如信用卡、借记卡、第三方支付等。数据显示，2020年全球跨境电商交易规模为 7 850 亿美元，预计 2030 年增至 7.9 万亿美元。① 这表明跨境交易正在快速增长，越来越多的消费者开始购买跨境商品。同时，多数跨境支付服务也提供多种货币结算，便于消费者在不同的国家和地区进行交易。据市场研究机构，全球移动支付市场的交易规模在 2022 年达到 1.26 万亿美元，预计到 2024 年将增长到 1.4 万亿美元。② 根据贝宝支付发布的数据，2020 年第三季度，全球贝宝支付的跨境交易总额达到 277 亿美元，同比增长 28%。这表明贝宝支付等非银行跨境支付服务快速发展，已经成为全球跨境交易的重要支撑。

二是越来越多的消费者正在使用移动设备完成跨境支付。随着智能手机和平板电脑的普及，越来越多的消费者习惯使用移动应用程序进行交易，支付宝和微信支付已成为中国领先的跨境支付服务提供商。同时，谷歌在 2013 年推出移动支付应用程序——谷歌钱包（Google Wallet），苹果公司在 2014 年推出基于手机 NFC 功能的移动支付产品 Apple Pay，移动支付服务逐渐在全球范围内推广。移动支付的快速发展是跨境零售支付流行的一个重要原因，因为移动支付可以轻松地跨越国界，实现跨境支付。市场调研数据表明，2020 年全球在线消费者中有

---

① 数据来源：https://www.insiderintelligence.com。
② 数据来源：GSMA，State of the Industry Report on Mobile Money 2023。

57%的人曾经进行过跨境购物，这表明跨境购物已经成为全球消费者的一种常见行为。①

三是跨境零售支付正日益受到监管机构和政府的关注。跨境支付涉及多个国家和地区的法律和规定，因此需要遵守多种监管要求。一些政府已经开始采取措施限制跨境支付的使用，以确保合法交易和保护消费者权益。一家科技公司2021年7月发布了《全球跨境支付监管指数报告》，显示全球共有127个国家和地区监管跨境支付，其中亚洲地区国家占据绝大多数。②此外，国际组织也开始制定相关标准和规定，以确保跨境支付活动的合法和合规。为了保护本国/地区的金融安全和确保本国/地区货币政策的有效性，一些国家/地区政府还对跨境零售支付实施一系列控制措施。虽然监管机构和政府已经采取了一系列措施，但跨境（零售）支付仍面临着许多监管挑战。跨境（零售）支付还存在着恐怖融资和洗钱等风险，需要全球监管机构和政府加强合作，共同应对这些挑战。防范跨境支付的风险当然还需要跨境支付企业和消费者的配合，增强合规意识和风险意识，确保跨境支付行为的合法性和合规性。

---

① 该数据基于Statista对全球55个国家的在线消费者进行的调查，数据来源：https://www.statista.com。

② 该报告由新加坡金融科技公司FOMO Pay发布，数据来源：https://www.fomopay.com/cross-border-payment-regulatory-index-2021/。

四是区块链、隐私增强技术等新技术为跨境零售支付领域带来了许多机遇和挑战。

区块链技术在理论上有助于减少跨境支付的中间环节,从而降低支付成本。同时,分布式账本可以提高支付的透明度和可追溯性,降低交易风险。例如,欧洲支付服务提供商 Bitwala 与区块链技术公司瑞波(Ripple)合作,利用后者的区块链技术,为欧盟内外的跨境支付提供技术服务。另外一个应用区块链技术的案例是在国际贸易领域。传统的国际贸易交易往往面临着许多问题,如交易时间长、跨境支付复杂、海关监管烦琐等;而区块链技术能够通过智能合约实现交易的自动化和可追溯性,从而提高交易效率和降低交易成本。中国人民银行贸易金融区块链平台于 2018 年 4 月正式上线,自上线以来,已经在全国范围内得到广泛推广。截至 2021 年 9 月,已有 200 余家金融机构和企业入驻该平台。该平台包括供应链融资、国际贸易融资、票据融资等多个功能模块,支持各类企业办理融资、结算、风险控制等业务。平台采用分布式账本技术,确保数据安全和交易可追溯。①

隐私增强技术在跨境支付中也越来越受到关注。这类技术

---

① 参见中国网财经:https://finance.china.com.cn/money/bank/20210915/7514749.shtml。

可以保护用户的隐私信息不被泄露，从而保护用户的隐私安全。一个典型的案例是基于区块链的隐私保护。在区块链技术的发展初期，由于公链上所有的交易都是公开的，因此其隐私性受到了很大的质疑。为了解决这个问题，区块链技术专家们提出了很多隐私增强的方案，如零知识证明、同态加密、混淆交易等。[①] 这些技术使得用户能够在区块链上进行匿名交易，同时不会暴露自己的个人信息。许多基于区块链的匿名支付系统被用于跨境资金转移，给反洗钱和反恐怖融资带来了很大挑战。

在隐私增强技术方面，一个典型的案例是欧盟的《通用数据保护条例》（GDPR）。这个条例于 2018 年 5 月正式生效，为欧洲境内所有的数据主体提供了更广泛的数据权利保护，并要

---

① 简言之，零知识证明（Zero-knowledge Proof，简称ZKP）力图解决的问题是，让一方向另一方证明，其知道某个问题的答案但却不肯透露该问题的具体答案。所谓"零知识"，即指验证方除了对论断判断的结果（错或对），无法获取任何额外信息。近几年兴起的区块链大量使用了零知识证明技术用于证明交易合乎规则。同态加密（Homomorphic Encryption，简称 HE）是密码学领域自 1978 年以来的经典难题，也是实现数据隐私计算的关键技术，在云计算、区块链、隐私计算等领域均存在着广泛的应用需求和一些可行的应用方案。它是指满足密文同态运算性质的加密算法，即数据经过同态加密之后，对密文进行特定的计算，得到的密文计算结果在进行对应的同态解密后的明文等同于对明文数据直接进行相同的计算，实现数据的"可算不可见"。混淆交易或称混币服务（Mixing），就是用一种加密资产从其他人那里得到同样金额的加密资产。其原理是分离交易中的输入和输出地址，目的是提高加密资产的隐私性和匿名性，使其用途和归属更难追踪，因而有非常显著的法律风险。

求企业在处理个人数据时采用必要的安全措施，如数据加密、访问控制等。虽然这个条例是为欧洲本土制定的，但其影响已经扩展到了全球范围。许多跨境电商企业也开始关注隐私保护问题，加强了对用户数据的保护，以符合全球性的隐私保护标准。

大数据技术可以帮助跨境支付机构更好地了解客户需求，提供更好的服务；通过分析客户数据，可以更好地理解客户行为，提高支付成功率。同时，大数据技术也可以帮助跨境支付机构更好地掌握市场动态，提高决策效率。

智能合约技术可以自动化执行合同，从而提高跨境支付的效率和准确性。智能合约可以在跨境支付过程中自动执行支付，并根据预设的条件自动释放资金。这可以减少人为因素的干扰，降低交易风险。

与此同时，随着数字技术的快速发展和数字支付工具的普及，传统代理行模式在跨境（零售）支付市场中的份额逐渐下降。国际清算银行数据显示，2011—2019年全球活跃的代理银行数量下降了约22%，2019年较上年下降了约3%。在同期内，非银行金融机构，如支付机构、汇款机构等在跨境支付市场中的份额不断上升。[1] 国际咨询公司麦肯锡（McKinsey）发布的

---

[1] Committee on Payments and Market Infrastructures (CPMI), New correspondent banking data: the decline continues at a slower pace, https://www.bis.org/cpmi/paysysinfo/corr_bank_data/corr_bank_data_commentary_1905.htm.

报告估计，至 2022 年，非银行支付机构或占全球跨境支付市场一半以上规模。①

许多研究者认为，这种趋势的原因在于，传统代理行模式存在诸多局限和缺陷，包括高额的交易成本、缓慢的结算时间、不透明的费用结构等。相比之下，新兴的数字技术和跨境支付模式能够提供更加高效、快捷、透明的跨境支付服务，从而会受到消费者和企业的欢迎。此外，一些政策和监管方面的因素也加速了传统代理行模式在跨境支付市场中份额的下降。例如，欧盟于 2015 年颁布了《支付服务指令》（PSD），要求支付机构必须对消费者和企业提供更加透明、公平和安全的支付服务。同时，亚洲、非洲等地区的许多国家和地区也在积极推进数字支付的发展，为新兴机构与模式提供了更加友好的政策环境和市场机会。

加密资产狂热和脸书"创意"

区块链技术和密码学的发展催生了比特币等加密资产。目前加密货币种类非常多，根据市场公开数据，截至 2023 年 2 月

---

① McKinsey, Global payments 2017: Amid rapid change, an upward trajectory, October 2017.

18日，全球加密资产市场共有约 11 300 种不同的加密资产。[①]这类加密资产基于去中心化思想快速发展，但由于缺乏真实资产背书、发行总量受限、价格异常波动等原因，不能稳定承担支付手段和价值贮藏等货币职能，并会借助其匿名性等特点，为洗钱、恐怖融资等违法犯罪活动提供便利。

比特币是去中心化的加密资产的首要代表，其兴起过程可以追溯到2008年，当时一位（或多位）署名为"中本聪"的人在一篇名为"比特币白皮书"的论文中描述了比特币的原理和设计。这篇论文描述了一个基于点对点网络的去中心化电子现金系统，可以在没有中央银行或其他机构的情况下进行交易。比特币的价值来自其使用者之间的信任，而不是政府或其他机构的信任。

比特币的发展史可以分为三个阶段。2009—2013 年，比特币的使用率和知名度迅速上升。此阶段比特币的使用者主要是"技术爱好者"和"自由主义者"。[②] 比特币被认为是一种可以保护用户隐私并绕过传统金融机构的方式，因此受到了一些特殊群体的欢迎。2013—2017 年，比特币价格进一步上涨，知名度进一步提升，一些企业和投资者开始涉足，比特币价格的大

---

① 数据来源：https://coinmarketcap.com/。
② 界面新闻.拿不住的比特币：早期布道者"叛变"，知乎女孩"错过"[Z/OL].（2021-03-19）.https://www.jiemian.com/article/5829806.html.

幅波动尤其吸引不少投机者进入。2017年后，比特币发展进入第三个阶段。此阶段比特币价格的波动性有所下降，众多人开始关注其技术和应用，不再紧盯其价格。总的来说，比特币的兴起是加密资产领域的一个里程碑。它从侧面推动了人们形成有关央行数字货币（CBDC）的共识，促使国际社会积极探寻和强化监管加密资产。

比特币价格多次大幅度波动，在2013年、2017年和2021年都遭遇暴跌。2013年4月12日，比特币价格从266美元暴跌至160美元，日跌幅超过60%。针对比特币等加密资产价格波动的缺陷，一些商业机构推出稳定币（stablecoin），试图通过锚定相关资产维持这类加密资产价格稳定。稳定币是指以固定的价格或者价值为基础，利用区块链技术发行的一种加密资产，其目的是避免传统加密货币的价格波动过大而导致投资者风险过高，同时也能够实现加密资产交易的便捷性和流动性。私人稳定币的兴起可以追溯到2014年，当时一种名为Tether的稳定币（USDT）被推出。自此，稳定币逐渐发展壮大，市场上出现了越来越多的种类。目前，从计价货币看，稳定币种类包括美元稳定币、欧元稳定币、加元稳定币等。从稳定机制看，第一类是所谓的法定货币抵押稳定币（fiat collateralized stablecoin），即稳定币的发行者以1∶1的美元或其他法定货币作为抵押物发行等额的稳定币。这类代表性的稳定币包括：

USDT、TUSD、USDC、GUSD 等。① 第二类是所谓的加密资产抵押稳定币（crypto-asset collateralized stablecoin），即将前述的法定货币抵押替换成有着较好流动性的加密资产抵押，如比特币、以太坊。稍有不同的是，抵押的比特币、以太坊等加密资产以智能合约的方式实现存管功能，保障抵押物的安全性。由于抵押物本身就是高波动性的投机资产，因此，该类稳定币的中心化发行者常常需要超额抵押以对冲抵押物价格的过大波动，并且通过智能合约的形式实现稳定币价格的相对稳定，类似中央银行管理浮动的方式。此类代表性的稳定币如 Dai、bitUSD、nUSD、bitCNY 等。② 第三类是所谓的非抵押稳定币（non-collateralized stablecoin），即发行者妄图使用智能合约模拟中央银行调控货币供给以稳定物价的方式"稳定"稳定币价格，并且煞有介事地使用所谓铸币税（美元）作为平准基金

---

① 事实上，这类稳定币的发行者高度中心化且高度不透明，有极强的动机进行超额、非足值的稳定币发行，甚至将客户支付的美元挪作他用以牟利，因此该类稳定币有着极大的潜在挤兑风险。

② 姑且不论智能合约，仅就抵押物机制而言，此类稳定币至少存在两个大的缺陷：一是超额抵押的有效性不仅受到该类稳定币使用规模的限制，还与加密资产市场的波动密切相关。当市场出现极端波动时（金融市场的极端波动与加密资产市场的极端波动相形见绌），稳定币的发行者必须有足够的资金、资本进行远超常规的超额抵押，才能熨平稳定币价格的波动。二是智能合约引发的"羊群效应"。事实上，此类稳定币与 2008 年美国金融危机之前的货币基金具有相似之处，特别是投资（抵押）标的过于集中，同时叠加智能合约本身的信息分发（information distribution）特征，使得此类稳定币更容易产生"羊群效应"，使其内在机制极不稳定。

(reserve），以高卖低买自己的稳定币的方式熨平其价格涨跌。①

当前，市场规模最大的私人稳定币仍属法定货币抵押稳定币，主要有USDT、USDC等，这些稳定币的市值占据了整个稳定币市场的绝大部分。根据稳定币统计网站Stablecoinindex.com的数据，截至2022年2月，全球各种稳定币的总市值已经超过了3 300亿美元。

全球范围内的私人稳定币正在得到越来越多的关注和应用，尤其在加密资产市场大幅波动的情况下，其在数字金融领域的应用也在逐渐增加。例如，越南的Mobile Money平台（简称MoMo）就宣布推出支持USDT的钱包，允许用户使用USDT进行国际汇款。然而，由于私人稳定币的发行和交易都存在一定的监管难度，其也面临着一些挑战。同时，由于其价值的稳定性在很大程度上依赖于发行方的储备，因此私人稳定币市场也存在一定的信用风险。因此，这类私人货币的市场发展和应用还需要继续加强监管和风险控制。

比稳定币的影响更大的是所谓由私人集团推出的"全球稳定币"（Global Stablecoin，简称GSC），肇始于2019年6月。当时全球科技巨头脸书（Facebook，2021年10月更名为Meta）

---

① 此类稳定币运行容易成为"庞氏骗局"，即如果没有持续扩大的用户规模以做大平准基金，则发行者不可能持续稳定币价。更为危险的是，此种"稳定"机制极容易被做空，发行者拥有的那点基金完全不足以应对集体做空。

牵头发布《天秤币（Libra）白皮书》，提出建立一套简单、无国界的稳定币和服务数十亿人的金融基础设施。作为"全球稳定币"的首倡者，天秤币曾为脸书公司和其他大型跨国公司用作打造全球最大跨境零售支付的数字支付系统和组织框架的计划。其初始名为Libra，但由于遭到监管机构和政府的强烈反对，2020年更名为Diem（为避免混淆，下文仍称天秤币）。然而，由于存在一系列问题，天秤币的发展并不顺利，至2023年年中仍未推出。首先，天秤币计划在公布后立即引起了各国政府和监管机构的反对。监管机构认为天秤币可能会带来一系列风险，包括金融不稳定、洗钱和恐怖资金的转移。监管机构认为，这种全球性的数字货币将跨越多个国家的边界，超出传统金融监管机构的管辖范围，因此需要特别关注。其次，天秤币组织框架即天秤币协会本身也遭受了一系列打击。最初，天秤币协会这种私人集团包括脸书和其他27家公司，但很快，贝宝支付、万事达、维萨等全球支付巨头企业相继退出了该协会。这些公司的离开使天秤币组织框架面临更大的压力，也加剧了天秤币计划的不稳定性。最后，天秤币更名后，仍受到监管机构的重点审查。由于"全球稳定币"的发行者大多为科技巨头，因此它们可借助巨大的网络效应，形成全产业链封闭生态，侵蚀国家主权货币地位，并会对货币政策传导和金融体系稳定产生影响。此外，"全球稳定币"打开了新的资本外逃、地下经济支付渠道，大幅增加了监管机构追溯交易和实施反洗钱、反恐怖融资的难度，因此引发各国央行的担忧。各国监管机构和国际标准制定组织正在加强对"全球稳定币"的监管，并推动制定相关监管标准，以防范监管套利和不公平竞争。如果任其发展，将会严重扰乱法定货币流通秩序，影响金融稳定和安全。《二十国集团领导人利雅得峰会宣言》指出，在通过适当的设计并遵循适用标准充分解决所有相关法律、法规和监督要求之前，不得启动所谓"全球稳定币"（该宣言第 17 条）。

无论是私人稳定币还是私人集团的"全球稳定币"，都属于私人货币的范畴。对货币经济学者而言，这些数字和加密形态的私人货币并不新鲜，本书认为（全球）稳定币要在跨境（零售）支付领域发挥创新作用还面临四个货币经济学难题。

一是币值稳定的难题。如果天秤币这类"全球稳定币"真的得到大规模的推广与使用，这就不得不让人想到国际金融的重要理论——"特里芬两难"（Triffin dilemma）：天秤币试图建立的"货币体系"与当时的布雷顿森林体系有一定的相似性。一方面，天秤币承诺其与储备货币，特别是与美元的可自由兑换，并且保持稳定的价格，这与当年美国政府承诺保证美元与黄金的官价如出一辙；另一方面，其他加密资产价格与天秤币挂钩，甚至使得天秤币成为其他加密资产的价值尺度，这与当年成员国货币与美元挂钩并保持基本稳定的关系也是高度相似。

二是与主权货币共存的难题。如果天秤币在国内大幅流通，而本国货币又不在其储备资产中，本质上就是对该国法定货币不同程度的替代。对于其法定货币包含在天秤币储备资产中的国家，天秤币的大规模使用，本质上是两种货币体系在该国的流通。如果天秤币保持与该国法定货币相对稳定的币值关系，就会类似于历史上的金银复本位制，容易出现"劣币驱逐良币"的情况，从而最终变成选择本位制，即只有被高估的那种货币会进入流通；如果天秤币采纳的汇率制度是其与当地法定货币的浮动汇率，则其类似于并行货币制度（parallel currency）。理论上来讲，由于加密资产的交易一般属于大额交易范畴，可以预见的是在并行货币的情况下，天秤币将会占据小额零售端的市场。但是由于天秤币与本国法定货币的汇率是浮动的，所以两种货币系统之间事实上是隔离的，两者之间的换算对于使用者来说构成了难题。

三是对央行货币政策干扰的难题。如果天秤币的储备资产承担"最后的买家"（last buyer）的角色，在某种意义上，也即天秤币的"中央银行"。那么，其在市场上对储备资产的买卖也就是它的"公开市场操作"，试图实现其币值稳定的"货币政策"目标，① 理论上就无法保证天秤币储备资产的买卖和中央

---

① 如其技术白皮书所说，天秤币"选择储备资产的目的是最大限度地减小波动性，让天秤币的持有者相信该货币能够长期保值"，即天秤币"货币政策"的目标是币值稳定。

银行对相应法定货币的公开市场操作是一致的。当两者存在冲突的时候,它的操作就会对中央银行的货币政策实施带来一定程度的干扰,这是各国央行所不愿意看到的。另外,如果天秤币的储备资产管理以投资风险最小化为目标,那么其储备资产就需要最大程度配置无风险资产,特别是对于高等级长期国债(如长期美债)的需求大增,这将进一步压低期限较长的无风险利率水平,甚至造成更大规模的国债利率倒挂(inverted yield curve)。在这样的过程中,即使天秤币储备资产对安全资产的大规模需求不会产生"羊群效应",也会激励银行等金融投资机构扩大对风险资产的需求以维持相应的利润,进而在整体上提升全球资产的风险水平,刺激资产泡沫,弱化央行的宏观审慎政策效果。

四是与央行数字货币竞争的难题。对于有着23亿活跃用户的脸书公司而言,如果其抢先在各国央行推出法定数字货币之前运行天秤币,本身或会促成"赢者通吃"的局面,而如果天秤币的目标是成为一种超越主权的国际货币,其成功对于后续想要推行自己的法定数字货币的各国央行来说,都会是巨大的挑战。

另外,与中央银行不同的是,由于私人货币只对其成员和股东负责,企业集团拥有的访问私人数据的特权和对货币发行网络的完全控制权使私人货币很难被视为拥有公众信任且合法发行的货币。在由储备资产支持的机构发行稳定币的情况下，稳定币的稳定性取决于用户对发行机构的信任，这无疑将给天秤币协会成员带来丰厚的铸币税收入，同时产生严重的金融风险，特别是道德风险。同时有研究认为"全球稳定币"会对支付系统产生重大影响，并由此引发了一系列针对其监管方式的讨论。当代学者认为，17 世纪荷兰阿姆斯特丹银行推行的"银行货币"实质即为"稳定币"。阿姆斯特丹银行通过提供"稳定币"事实上发挥了原则上应由中央银行发挥的作用，即为社会提供一个具有稳定性的计价单位和支付工具（参见本书第三章"存款银行的兴起及其在跨境支付中的作用"）。由此，缺乏最终贷款人和财政支持的稳定币，即使采取 100% 的发行准备率，也不能保证其作为货币和支付系统的稳定性。

跨境支付难题与转型

长期以来，跨境支付领域中的国际竞争主要围绕寻求币值稳定以及寻求依托于此的高效率工具和平台。当今跨境支付领域中已出现多种货币并存的局面，它们之间的竞争越来越多地表现为寻求技术创新的工具和平台。

21 世纪初以来，有关跨境支付产业发展的国际讨论形成了新共识，即跨境支付存在若干深层次矛盾。国际清算银行和金融稳定委员会发布的多篇研究报告认为，在跨境支付业务中，低成本、高效率与低风险之间或存在难以调和的矛盾，现有的代理行、闭环、互联与点对点四种模式及其创新都无法同时妥善满足这些诉求，它们因而成了跨境支付难题。国际清算银行认为，传统跨境支付存在成本高、速度慢、透明度低和覆盖面窄的"症状"。[①] 现有的代理行、闭环、互联与点对点四种跨境支付模式均无法同时解决这四个问题（表 5-1）。

表 5-1 跨境支付难题一览

难题	表征	成因
成本高	资金成本高	有预付资金要求；持有多币种或有效接入外汇市场或批发融资市场的成本
	市场竞争不足	市场准入壁垒及进入门槛过高
	合规检查流程复杂	AML/CFT 及数据隐私保护的复杂性
速度慢	交易链条长	跨币种支付报文传输环节过多、接入成本高
	基础设施老旧	过于依赖批处理，缺乏实时监督，数据处理容量过低
透明度低	数据格式标准化差	直传比率过低，自动化处理不足
覆盖面窄	运营时间不足	跨境清结算时延过长，不能实现 7×24 小时运营
	受众覆盖面不足	存在数字鸿沟，非居民及弱势群体可获得性不足

来源：FSB, G20 cross-border payments roadmap, October 2020.

比如目前占据主流地位的代理行模式，依托 SWIFT 系统，

[①] BIS, Shaping the future of payments, BIS Quarterly Review, April 2020; FSB, G20 cross-border payments roadmap, October 2020.

业务成本高、效率低、信息不透明。SWIFT 推出的全球支付创新计划（GPI）也只是提高了业务透明度和效率（速度），但成本依然高企；以非银行支付（贝宝支付、支付宝、微信支付等）为代表的闭环模式，尽管其效率和透明度较高，但信用与合规风险较大，难以满足全球主要司法管辖区的法律与监管要求；以连续连接结算系统（CLS）为代表的多种系统互联模式，其透明度和效率较高，但成本甚高；以加密资产和稳定币为代表的点对点创新模式则还引入了新的风险因素。

事实上，从古代到当代，跨境支付经历了漫长的发展历程，无论是历史上出现过的点对点、闭环模式，还是现代的代理行与互联模式都面临这样的难题。

以点对点模式为例，无论是古代早已有之的现金（铸币），还是最新的分布式账本技术，当直接用于跨境零售支付时，实际上都只需要货币制度与商业网络这两个最主要的因素支持，但这会在一定程度上与经贸关系因素以及相关的政府合作、金融机构等促进因素相背离，信息透明度不够，因而引起国际社会的普遍担忧。至于闭环模式，以非银行支付平台为代表，实质上需要经贸关系与商业网络这两个关键因素的促进，加之数字技术赋能和数字平台的商业模式，使得这种跨境支付模式有显著的网络效应，甚至表现出平均成本递减、规模报酬递增的经济特点。但这种模式缺乏货币制度和金融机构等因素的共同作用，使其在信息透明度上仅高于点对点模式，同时自身难以解决货币错配[①]等造成的流动性风险。

由上可知，较为成功的跨境支付模式都离不开经贸关系与商业网络这两个最重要的促进因素。历史经验表明，未来的跨境支付创新发展仍旧需要更好地利用这两个因素才能有效解决难题。因此，可以推断，创新发展面向未来的跨境支付，可能需要综合发挥驱动跨境支付发展的有利因素。

一是在货币形态上应更易于融入数字经济的交易环境。

二是在经贸关系上应有助于形成更加开放、公平的数字经贸往来。

三是在商业网络上应具备更强大的（交叉）网络效应。

四是在风险管理上应更有利于经济个体与金融机构处理汇率风险、"赫斯塔特风险"。

五是在吸收、应用新技术方面应保持长期演进、迭代优化的能力。

六是在政府间合作层面还应保证基于规则的透明性与弹性，减少域外法律合规风险。

无论是基于跨境支付发展态势转折所暗含的历史线索，还是基于跨境支付分析框架，未来的跨境支付体系必然不是现有

---

① 货币错配指一国对外资产和对外负债的币种构成不匹配。

的以银行为中心的延续。有鉴于此,本书作者认为,央行数字货币或会推动跨境支付体系从以银行为中心演变为以数字支付平台为中心(图 5–1)。

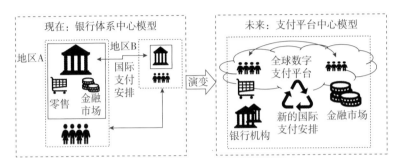

图 5–1　跨境支付体系转型示意

来源:贺力平,赵鹬.跨境支付:从"货币牵引"到"支付牵引"的转变?[J].金融评论,2021,13(3):1–19+123.

以现在风靡全球的闭环模式的支付平台为例,它们之所以能够比银行等传统机构更好地发展和优化支付及相关业务的联系,是因为平台的双边市场属性。① 关于数字平台(digital

---

① 伴随着数字时代的崛起,"平台"逐渐成为越来越重要的组织模式。现实的发展同时也对传统经济学理论提出了挑战,2014 年诺贝尔经济学奖获得者 Jean Tirole 与 Jean-Charles Rochet(同为法国著名经济学家、法国图卢兹大学产业经济研究所兼职研究员和苏黎世大学教授)的合作文章对此作出了回应。该文很有创意地以数学模型概述平台组织的特点,尤其聚焦于"价格结构"关键属性,为讨论"究竟什么才是平台""如何规制平台"等关键问题奠定了基础。详见 Jean-Charles Rochet and Jean Tirole, "Platform Competition in Two-sided Markets", *Journal of The European Economic Association* 1, no. 4 (Jun. 2003): 990−1029.

platform）的代表性研究表明，数字平台结合了平台商业与数字技术，能够将单笔交易的搜寻成本、跟踪与验证成本、复制成本降低或趋近于零，极大提升平台上每一侧用户之间或不同侧用户之间交易的匹配质量（matching quality）；通过建立良好的声誉系统（reputation system），凭借庞大的交叉网络效应，数字平台表现出强大的规模经济与范围经济特征。① 大型电子商务、社交网络平台，比如亚马逊、阿里巴巴以及脸书公司（2021年10月更名为Meta）等数字平台巨头无一不将数字化、移动化支付能力视为平台价值与发展的重要支点，因为它们深知支付本身不仅有天然的网络效应，而且没有任何其他更专业的方式能够与数字支付汇总经济信息的能力相媲美。因此，相较于银行机构将支付作为存贷款业务的附属，大型平台以数字支付能力为支点几乎可以撬动整个数字经济的发展，推动数字经济的"经贸关系"与"商业网络"向前发展。历史上，自19世纪后半期以来，银行之所以逐渐成为（跨境）支付的主角，主要得益于其跟随国际贸易线路而在全球各地形成的银行代理网络（参见第三章"代理行制度的普及与汇票

---

① Avi Goldfarb 和 Catherine Tucker 为数字经济撰写了一篇综述文章，着重关注数字经济活动中五类经济成本的下降：搜索成本（search costs）、复制成本（replication costs）、运输成本（transportation costs）、跟踪成本（tracking costs）以及验证成本（verification costs）。详见 Avi Goldfarb and Catherine Tucker, "Digital Economics", *Journal of Economic Literature* 57, no. 1 (Mar. 2019): 3–43.

制度的新发展")。数字经济时代的"经贸关系"将不再是基于传统的跨国公司所建立的地理网络，而是由大型科技公司（BigTech）的数字网络塑造而成，数字支付的决定性作用日益凸显。

另外，有研究者认为，美元长期保持强势是其充作世界范围内最重要的流通手段的基础与前提，或者更一般化地说，价值尺度稳定是货币发挥交易媒介、价值储藏、国际货币等各功能的前提。①然而，也有研究指出，全球商品出口占全球产出的比重与美元指数（贸易加权）负相关，认为当美元相对其他货币升值时，全球美元信贷供给收紧，降低以美元结算的出口贸易融资的可获得性，提高美元融资成本。理论模型表明，由于美元在国际贸易中有"占优"地位（dominant currency），美元相对于其他货币升值 1% 将会引起除美国外的年度贸易总额下降 0.6%。②

基于美元"占优"货币理论，对于其他非美元货币而言，

---

① Matthias Doepke 和 Martin Schneider 研究发现货币的价值尺度稳定能降低相对价格风险，避免因违约带来的高成本并创造更多的消费者剩余。详见 Matthias Doepke and Martin Schneider, "Money as a Unit of Account", *Econometrica* 85, no. 5 (Oct. 2017): 1537–1574.

② Gita Gopinath 等人开创性地研究了占优货币定价（dominant currency pricing，简称 DCP）问题。详见 Gita Gopinath, et al., "Dominant Currency Paradigm", *American Economic Review* 110, no. 3 (Mar. 2020): 677–719.

传统意义上的货币竞争或称"完全货币竞争"(full currency competition)主要发生于以不同的价值尺度计价的货币工具之间,只有那些有着良好的声誉、稳定的币值以及稳健的货币制度的货币工具发行者才能赢得竞争。另外,由于货币工具有天然的支付功能,因而货币工具还表现出典型的网络效应。① 货币的网络效应不仅由该货币的价值尺度决定,还与(数字)平台上的用户一样受到转换成本(switching cost)的影响。一般而言,一方面,转换成本越高,对货币持有者的锁定(lock-in)就越强,从而强化该货币的网络外部性;另一方面,货币的网络外部性越强,就会越好地抵消货币交易的转换成本带来的效用损失。② 随着数字支付平台的蓬勃发展,比如贝宝支付能向用

---

① 经典的货币搜寻理论(monetary search theory)表明,持有货币的买方(buyer)向出售商品的卖方(seller)支付货币,是因为卖方相信自己接受买方所支付的货币还能够从第三方那里交换自己需要的商品,因此,只有价值尺度稳定的货币才能被卖方接受。随着越来越多的买卖双方接受货币,货币交易表现出网络效应或称网络外部性。详见 Kevin Dowd and David Greenaway, "Currency Competition, Network Externalities and Switching Costs: Towards an Alternative View of Optimum Currency Areas", *The Economic Journal* 103, no.420 (Sept. 1993): 1180–1189.

② Edgar 等人研究了在拉丁美洲使用外汇作为共同流通的交换和价值储存媒介的程度、原因和后果,特别是估计了阿根廷流通外汇的需求函数,以研究网络外部性对这种美元化的滞后性和不可逆性的动态影响。详见 Edgar L. Feige, et al., "Unofficial Dollarization in Latin America: Currency Substitution, Network Externalities, and Irreversibility", in Dominick Salvatore, James W. Dean, and Thomas D. Willett (eds), *The Dollarization Debate* (New York: Oxford University Press, 2003).

户提供 26 种主权货币以及比特币等 4 种加密资产的便捷支付与交易，用户可以在这些货币池子中随意切换需要支付的币种，被称为"无国界支付"。[①] 数字支付创新，相较于传统的支付模式，正在向着全天候（anytime）、全方位（anyway）、无国界（borderless）的方向迈进，通过数字技术将货币交易的转换成本极大地降下来。进一步，数字支付时代的货币竞争还是有机会不同于"完全货币竞争"的，特别是对于非美元货币，更有可能是被分离货币职能之后的货币竞争。比如，在数字支付平台上，不考虑汇率风险等其他外部影响，货币 A 有更好的价值储藏功能（比如作为储备货币），而货币 B 虽不是比货币 A 更好的储备货币，但货币 B 由于能够比货币 A 更好地嵌入并利用"经贸关系"与"商业网络"这两个基本因素，是更好的流通手段或支付手段，那么货币 B 的流动性可能会比货币 A 更强，进而能够有更大的交易规模，从而在国际支付层面超越货

---

① 参见官方网站：https://www.paypal.com。

币 A。①,②

不可忽视的是，金融机构是发挥重要作用的驱动因素。有国际研究观点认为，相较于传统的电子支付工具，采用数字技术的"全球稳定币"在跨境支付领域有显著潜力，大型科技公司发行的"全球稳定币"同样具有成本更低、获得更易、服务更多的优势。③ 尽管这样的观点有一定代表性，但它忽视了"全球稳定币"用于跨境支付的明显不足。第一，无论是锚定

---

① 关于欧盟线上跨境贸易的研究表明，线上支付平台及基础设施在跨境贸易中发挥的作用类似于线下贸易中地理距离的作用，跨境电子支付基础设施的普及能显著提高跨境线上贸易。因此，研究认为欧盟诸国之所以没有发达的线上电子商务活动，是因为欧盟的电子支付不足以支持线上贸易。详见 Estrella Gomez-Herrera, Bertin Martens, Geomina Turlea, "The Drivers and Impediments for Cross-Border e-Commerce in the EU", *Information Economics and Policy* 28 (Sept. 2014): 83–96.

② Flandreau 和 Jobst 利用 19 世纪的英镑、美元等 20 余种货币的国际流通数据，对国际货币的决定因素进行了实证考察，认为当货币的交易规模（size）越大、流动性溢价水平（liquidity premium）越低，该货币成为国际货币的可能性越大，而货币的"路径依赖"（path dependency）与"锁定效应"（lock-in effect）这两个被普遍认为最重要的因素的影响并不显著。因此，美元取代英镑的国际货币地位并非完全得益于两次世界大战。该研究发现支持了金德尔伯格（Kindleberger）在其 1967 年的著作《国际货币与世界语言的政治经济学》中的论断——"选择哪种语言或者哪种货币，不是根据其优点或道德价值，而是使用规模"。详见 Marc Flandreau and Clemens Jobst, "The Empirics of International Currencies: Network Externalities, History and Persistence", *The Economic Journal* 119, no.537 (Apr. 2009): 643–664.

③ 国际货币基金组织的研究认为，包括央行数字货币与全球稳定币在内的"数字货币"主要是促进跨境交易，改变国际贸易市场，同时引发货币替代现象。详见 IMF, Digital Money Across Borders: Macro-Financial Implication, IMF Staff report No.2020/050, October 2020.

单一法定货币或一篮子金融资产（比如美元金融资产），"全球稳定币"的货币制度都存在显著缺陷：其内在价值随锚定货币或基础资产市值波动，其声誉依附于大型科技公司的资产负债表质量，必然潜藏期限转换、汇率风险以及挤兑风险，难以保证币值稳定，还会产生严重的消费者保护问题。[①] 第二，尽管大型科技公司以数字平台模式突破了传统跨境支付、贸易的地理距离约束，甚至有研究认为国际贸易理论中的地理距离、语言距离、文化距离等"距离因素"不再显著，但数字平台竞争又会产生新的"距离约束"，阻碍数字贸易的自由化与便利化，其中最突出的问题是大型平台之间缺乏互联互通与用户界面的互操作性（interoperability）。第三，大型科技公司以数字支付为支点，结合其在电商、社交等多边市场积累的交叉网络效应形成的闭环模式已经被证明不能有效解决跨境支付难题，若其还发行各自的"全球稳定币"，不仅会加剧闭环模式信息不够透明的弊端，而且更缺乏工具与手段解决"赫斯塔特风险"。

故而，只有大型科技公司与数字支付平台通过金融机构身份接入金融市场，才能有效管理多币种货币风险。同时前述伦

[①] 赵鹞、马伟:《论脸书 Libra 的货币经济学难题》,《南方金融》2019 年第 9 期, 第 3-11 页。

敦汇票的发展经验已表明，只有金融机构和金融市场才能为新型跨境支付模式提供必要的流动性支持，才能缓解现有跨境支付模式中资金成本过高的难题。当前，一些新兴技术手段，如去中心化金融（Decentralized Finance，简称 DeFi），特别是自动做市商（Automated Market Makers，简称 AMMs）已经被运用于新型跨境支付模式的探索中并取得了有益的成果。① 但 DeFi 领域的一些失败案例表明，AMMs 并非解决新型跨境支付流动性的最优方案或唯一选择。AMMs 在原理上只能解决流动性匹配曲线内点解（inner solutions）。这表明，对处于曲线边角位置（corner solutions）的极端交易情形，比如，一种货币的成

---

① 去中心化金融（DeFi）声称利用公共区块链网络和智能合约构建开放、透明、可组合和非托管的金融协议。如今，DeFi 的主要活动之一是通过所谓的自动做市商（AMMs）分散交换代币化资产。这是一种智能合约，使用流动性池自动转移数字资产，而不是传统的匹配买家和卖家并为每次操作寻求同意的流程。国际清算银行在其 2022 年 11 月 2 日发布的关于 Mariana 项目的新闻声明中指出，由于 DeFi 及其应用程序有可能成为金融生态系统的重要组成部分，各国央行需要了解其对跨境支付的影响。Mariana 项目研究了使用 AMMs 实现外汇市场和结算自动化，从而可能改善跨境支付。AMMs 协议将汇集的流动性与创新算法相结合，以确定两个或多个代币化资产之间的价格，这将为促进 CBDC 跨境交换的新一代金融基础设施奠定基础。Mariana 项目是瑞士、新加坡和欧洲系统 BIS 创新中心、法国银行、新加坡金融管理局和瑞士国家银行之间的联合项目。该项目探索使用 AMMs 在金融机构之间跨境交换模拟的瑞士法郎、模拟的欧元和新加坡元的批发型央行数字货币（wCBDC），以结算金融市场的外汇交易。该项目有三个主要目标：（1）探索 wCBDC、AMMs 的设计和应用；（2）调查超区域网络是否可以作为跨境结算的有效和可信枢纽；（3）研究该网络内的 CBDC 治理模型。

交量非常小，而与其形成交易对的另一种货币的成交量非常大，此时 AMMs 在原理上可能无代数解或解趋于零或无穷大，从而加速成交量极小的那种货币的流动性崩溃，使得流动性匹配失败甚至引发整个市场的崩溃。因此，要在根本上解决跨境支付流动性成本过高的问题，必须解决全球安全资产短缺的问题。①同样以英格兰银行为伦敦汇票提供"国际安全资产"的历史为借鉴，数字时代的新型跨境支付模式如果没有安全流动性资产（liquid and safe assets）、配套的基础设施以及既有广度又有深度的金融市场的支撑，单纯地依赖数字技术或去中心化金融理念是不可能成功的。

---

① 普遍而言，安全资产需满足五个条件：（1）信用和市场风险低；（2）市场流动性高；（3）通货膨胀风险有限；（4）汇率风险低；（5）异质风险（idiosyncratic risk）有限。符合这五个条件的资产类别主要包括：以美元为代表的主要国际货币、银行存款、OECD 国家 AAA/AA 级以上的政府证券、政府支持机构债券、货币市场工具（逆回购等）、抵押贷款等资产支持证券、高等级公司债券（以金融债为主）、黄金，以及超国家实体债券。七国集团（G7）国家的政府和金融机构是安全资产的供给者，美国又占绝对主导地位。日本虽然也发行了大量国债，但主要由国内机构（包括日央行）持有，一般将其排除在外。Eichengreen 将全球黄金持有量、OECD 国家央行创造的基础货币、OECD 成员国和超主权机构发行的高评级债券加在一起，作为衡量国际流动性的一项指标。该指标的理念是，流动且安全的资产既可以直接用于结算经常账户或资本账户交易，也可以很容易地转换为实现这一目标所需的货币。如果它们的供给太少，那么货物贸易或资产交易可能会受到阻碍。详见 Barry Eichengreen, "Global monetary order", in European Central Bank, The Future of the International Monetary and Financial Architecture, Proceedings of the Sintra Forum on Central Banking, Frankfurt am Main, 2016, pp.21–63.

新的国际支付安排或推动国际货币体系相应变化。凯恩斯将多边贸易体系以及双边贸易协定中产生的贸易问题视为货币问题。[①] 在数字经贸时代，使用数字平台及其商业网络中广为接受的数字货币与支付方式，要比利用现有的一种或几种货币和支付方式去建立一个新的商业网络更为便利且更具吸引力。因此，以央行数字货币为代表的数字货币可在数字平台的商业网络中自由流动，基于数字平台的经贸关系为这种自由流动提供基本的法律制度与行业规范，国际合作为自由流动搭建基础设施与互联互通机制，金融机构专业化管理自由流动的金融风险，数字支付平台作为连接器，为自由流动赋予最大化的网络效应，最小化数字货币之间的转换成本，推动形成新的国际支付安排。然而，如前所述，在可预见的将来，每种数字货币的自由流动仍是有边界的，几种数字货币的互操作性将推动更远边界的自由流动，在这个更大的区域里，可能会形成数字货币区（Digital Currency Area，简称 DCA）。在每个数字货币区里，数字货币的国际化可能存在三种路径，第一种是竞争成为好的价值储藏，第二种是竞争成为好的流通与支付手段，第三种则

---

① 本·斯泰尔：《布雷顿森林货币战》，符荆捷等译，机械工业出版社，2014，第 141 页。

是价值储藏与流通手段的统一。① 很有可能的是，数字货币区内的货币竞争以及数字货币区之间的竞争将促进国际货币体系新的整合与改变，给数字货币区内规模较小的国家带来财政货币金融管理上的新挑战与跨越式发展的新机遇。

数字货币引领潮流

历史上，货币演化经历了漫长的时期并有诸多重要转折，例如一般等价物从众多价值物中分离出来，金银等高价值物品被普遍接受为一般等价物，政府主导铸币并实行垄断铸币，出现与贵金属可兑换的纸币以及确立不可兑换的纸币制度等。19世纪中期后，在工业革命和工业化的推动下，中央银行制度陆续诞生于诸多国家，其货币管理职能逐渐充实和扩展。至 21 世纪初，数字技术与加密算法始有能力挑战传统的货币发行与支付交易方式。以央行数字货币为代表的法定货币系统与以（全球）稳定币为代表的私人货币系统的竞争是未来跨境支付，特别是零售支付模式竞争的焦点与决定性力量。为了应对跨境支付难题，全球跨境（零售）支付模式创新的主线就是技术创新，

---

① Markus Brunnermeier 等人首次提出"数字货币区"概念。详见 Markus Brunnermeier, Harold James, Jean-Pierre Landau, "The Digitalization of Money", *NBER Working Paper* No. 26300 (Sept. 2019).

这也是在金融科技创新这个大背景下发生与发展的。不可否认的是，如果"全球稳定币"在跨境（零售）支付应用上取得成功，其与法定货币存在竞争关系，因而央行数字货币也会受其不利影响。具体到发展中国家，由于其货币多数处于"弱势"，有的尚未实现可自由兑换，在某种程度上是相对于"全球稳定币"及储备资产中的"强势货币"偏弱，因而在成为真正的国际货币之前，发展中国家的货币，包括央行数字货币仍旧会受到"强势货币"的侵蚀。

根据国际清算银行，央行数字货币通常被定义为以国家记账单位计价的数字形态的中央银行货币，这是中央银行的直接负债，可用于零售支付和/或批发支付。由于其是央行发行和管理的数字形式的法定货币，是法定货币的数字化表现形式，因而也被称为法定数字货币。与传统货币不同，央行数字货币是基于加密算法、分布式账本、隐私增强技术等前沿技术的集成创新，通过数字化形式实现货币的流通、交易和结算；可以通过原子化交易（atomic transaction）实现资金的实时结算，从而提高支付系统的效率和安全性。[①] 央行数字货币的推出，将

[①] 原子的基本特性是不可再分。原子化交易是一连串不可再分的交易，即要么全部发生，要么全部不发生。在支付结算领域，原子化交易保证支付交易要么成功，要么失败，不存在中间状态（如单边账），并且如果交易过程中出现错误，交易回滚到初始状态。在证券结算领域，原子化结算（atomic settlement）加载智能合约可实现券款对付（DvP），使得证券交割和资金转账同步完成。

在未来重塑货币体系和金融体系，有望成为数字经济时代的新趋势和未来发展方向。

央行数字货币的发展在全球范围内加速，中国已经率先在数字人民币的研发和试点方面取得了重要进展，其他国家和地区也在积极探索和推进数字货币的研发和应用。

当前，全球主要央行和支付相关国际组织对跨境支付的重要性已基本形成共识，二十国集团（G20）将推动跨境支付发展确定为优先事项，制定了加强全球跨境支付路线图。2020年在沙特轮值G20主席国期间，G20就将"加强跨境支付"作为该期间的优先事项并达成一致。2020年10月13日，金融稳定委员会发布《加强跨境支付第三阶段发展路线图》，列出了五个重点领域的行动和指示性时间表（表5–2）：一是致力于达成对跨境支付公共与私营机构合作的愿景；二是协调监管、监督框架；三是改善现有支付基础设施，以满足跨境支付市场的需求；四是通过加强数据和市场实践，提高数据质量；五是探索新型支付基础设施的潜在作用。[①] 国际清算银行创新中心（BISIH）牵头了一系列跨境支付创新项目。其中，加强相关国家快速支付系统（FPS）跨境互联的创新项目"联结"（Nexus）属于跨境支付路线图之三，即改善现有支付基础设施以满足市场跨境

---

① 原文链接：https://www.fsb.org/wp-content/uploads/P131020-1.pdf。

支付需求，特别是零售跨境支付需求。① 除此之外，还有很多国家正在探索包括央行数字货币在内的数字货币用于新的支付基础设施的潜在可能，包括瑞典、日本、加拿大、新加坡、以色列等国家。美国、欧盟、英国、印度等主要经济体及新兴经济体亦在加速央行数字货币的研究进展。央行数字货币的研究和试点工作正在全球范围内推进。

表 5-2　跨境支付路线图五大主题和十九个工作模块

五大主题	十九个工作模块
加强公共部门与私营部门跨境支付方面的紧密合作	（1）制定改善跨境支付的远景使命和工作目标 （2）实施国际指引、标准和原则规则 （3）制定跨境支付服务分级一般特征和标准
统筹协调规制、监管和监督工作机制框架	（4）协调跨境支付规制和监管框架 （5）持续全面推行反洗钱、反恐怖活动规则 （6）回顾数据治理框架和跨境支付的协同机制 （7）强化和推广安全支付通道 （8）贯彻"熟悉你的客户"展业原则，培育身份信息共享机制

---

① 据国际清算银行，60多个国家和地区已经拥有即时（或"快速"）支付系统，人们可以在几秒钟内相互汇款。然而，向国外汇款往往仍然缓慢而昂贵。将这些国内支付系统连接到国际上可以改善跨境支付的速度、成本和透明度。Nexus 旨在标准化这些系统之间的连接方式。支付系统运营商可以连接 Nexus 平台，而不是为其连接的每个新国家建立自定义连接。这种单一连接允许快速支付系统到达网络中的所有其他国家。Nexus 可以显著加速即时跨境支付的增长。在下一阶段的工作中，BISIH 新加坡中心正在与印度尼西亚、马来西亚、菲律宾、新加坡和泰国的中央银行合作，努力连接其国内支付系统。

续表

五大主题	十九个工作模块
改善现有支付基础设施和相关安排	（9）加速推广外汇交易同步收交机制 （10）提升银行、非银行机构和支付基础设施支付系统的可达性 （11）探索建立央行间互惠性流动性安排（流动性桥） （12）协调关键支付系统的经营时间 （13）提升支付系统间跨境支付业务的联结
提升数据质量和直通处理系统	（14）推行统一的 ISO20022 版本的信息格式标准（包括有关格式转换和映射的标准） （15）统筹数据交互的 API 协议 （16）通过注册代理建立唯一身份识别码
探索新型支付基础设施和相关安排在改善跨境支付方面的潜能	（17）讨论建立新型多边跨境支付平台和协议的可能性 （18）为建立跨境支付全球稳定币[①]安排创造有利条件 （19）将跨境支付纳入央行数字货币设计的框架

来源：作者整理。

数字货币有利于解决跨境支付难题。首先，数字货币帮助中央银行管理从实物现金转变为可公开获取的数字替代品。以央行数字货币为例，通过提供这项服务，央行支付可以扩大包容性，刺激市场竞争，并可能降低成本。其次，在提供多种私营部门数字支付替代方案的环境中，央行数字货币还提供了一种支持主权

---

① 稳定币是加密货币（Cryptocurrency）的一种另类虚拟资产。稳定币被有些人认为是中心化资产抵押发行的代币，稳定币价值与被抵押资产价值直接连动。这就像是 19 世纪中期开始盛行的金本位制度，亦即由政府主导每单位的该国货币价值等同于若干重量的黄金。

支付稳健性的机制,还可以帮助解决私人加密资产带来的某些风险——这些资产的扩张可能会取代当地货币的使用,进而削弱中央银行进行货币操作的能力。最后,随着央行数字货币的发展,司法管辖区为央行数字货币确保稳健、安全和符合监管的基础设施变得越来越重要。央行数字货币还应保持与传统的跨境支付选项兼容,并对其进行补充,推动数字时代的国际支付安排向前发展。①

当前,在国际清算银行的牵头下,全球领域的数字货币跨境支付模式基本可分为三种(表5-3)。一是兼容模式(compatibility),即各国货币当局自主研发央行数字货币系统,独立决定规则、治理、参与者准入及基础设施的搭建,但不同经济体通过建立特定安排促进系统的兼容,例如建立通用的信息格式、加密技术、数据需求、用户接口及法律和监管规范等;二是互联模式(interlinkage),不同数字货币基于不同分布式账本发行,通过共享技术接口或制定统一清算机制实现不同支付系统的互联互通,如 **Jasper-Ubin** 项目、**Stella** 项目等;三是单

---

① 技术进步和创新为新的支付基础设施构建和推广创造了潜力,特别是央行数字货币。央行数字货币可采取点对点传输模式,能够减少中间环节,降低支付成本,提高便捷性、安全性,进一步提升跨境支付结算效率。在支付方式上,央行数字货币跨境支付主要通过前端零售(跨境零售支付)和后端批发(Multi-CBDC 安排,简称 mCBDC 安排)两种方式实现,二者作用不同层面,相互协同。从长期看,前端零售方式难以单独施行,通过 mCBDC 安排,实现跨境、跨货币互操作性,具有必然性。mCBDC 安排侧重于设计具有访问框架和互联选项的国家间央行数字货币安排,可以有效促进跨境支付,完善全球支付清算体系。

一平台模式（single platform），不同央行基于自身需求和不同标准发行各自的数字货币，通过建立单一规则和治理安排、相互认可方案、单一基础设施和分布式账本等将多边央行数字货币整合入一个系统，更好地改善前述两种模式的复杂性、分散性和集中度，如 Dunbar 项目、Jura 项目、MAS 项目和 Aber 项目等。相对而言，第一类及第二类模式在技术设计上更为开放，但是对技术和不同经济体的协调提出了较高要求，第三类模式的优势则在于不需要依赖尚未成熟的跨链技术，技术上更为开放和包容，同时各国央行均可发行自己的数字货币来保护货币主权。其中，作为单一平台模式的多边央行数字货币桥（mBridge）项目已率先走出实验室进入真实测试阶段，准备进入商用阶段。[①] 该创新项目由香港金融管理局联合国际清算银行（香港）创新中心、泰国中央银行、中国人民银行数字货币研究所、阿联酋中央银行共同参与。

总体而言，全球范围内数字货币改进跨境支付的努力主要集中于三个领域：一是探索区块链和分布式账本技术在革新现有跨境支付基础设施，特别是报文网络方面的技术潜力，以形成新型跨境支付模式，如 mBridge 项目、Mariana 项目、Dunbar

---

[①] 澎湃新闻. 香港金管局副总裁陈维民：货币桥项目即将进入商业应用阶段［Z/OL］.（2023-11-29）. https://www.thepaper.cn/newsDetail_forward_25470562.

表 5-3 央行数字货币跨境支付创新项目一览

模式	项目名称	参与方	内容简介	跨境业务模型	项目状态
兼容模式	Helvetia 项目	BIS 创新中心（瑞士）、瑞士央行、瑞士证券交易所	验证了使用批发型 CBDC 进行数字资产结算以及将 DLT 平台链接到现有支付系统的可行性	将 DLT 平台链接到现有中央银行支付系统	完成第 III 期测试
兼容模式	SWIFT 关于 CBDC 跨境支付实验项目	SWIFT、埃森哲、金融基础设施、国际商业银行等	通过 SWIFT 现有全球报文网络促进本地 CBDC 系统和支付系统的跨境互联互通	复用现有代理行网络，基于两种 DLT 网络、通过专用 RTGS 模拟器和 CBDC 连接网关以实现跨 CBDC 系统以及 CBDC 系统与 RTGS 系统的交互	完成第 3 阶段测试
互联模式	Jasper-Ubin	新加坡金管局、加拿大央行	2016 年，新加坡央行和加拿大央行分别启动了各自的 CBDC 项目，将各自区块链项目连接进行 CBDC 跨境支付试验	通过"哈希时间锁"（Hash Time-Locked Contracts，HTLC）实现不同分布式账本上的 CBDC 之间的互联互通	测试完成，项目结束
互联模式	Stella	日本央行、欧央行	DLT 在支付系统、证券结算系统、同步跨境支付等领域的适用性，至 2021 年 2 月已完成了 DLT 四个阶段的研究	使用 ILP 的实验是用来研究两个中心化账本之间，两个分布式账本之间，一个分布式账本和一个中心化账本之间的实验是用来研究两个分布式账本之间的转账；不使用 ILP 的实验是用来研究两个分布式账本之间的转账；同时引入 PETs 平衡隐私保护与可审计	测试完成，项目结束

第五章 数字时代的跨境支付及其未来

续表

模式	项目名称	参与方	内容简介	跨境业务模型	项目状态
"单一系统"模式	mBridge	香港金管局、泰国央行、中国人民银行数字货币研究所、阿联酋央行	多边央行数字货币桥研究项目，核心是研究 DLT 等新技术与模块化设计	建立一个联接 mCBDC 系统的"走廊网络"，使同一分布式账本支持多种央行数字货币但并不依赖央行数字货币；构建点对点的报文传输系统，助力提供高效便捷、成本低廉的跨境支付服务	完成用例实测
	Dunbar	BIS 创新中心（新加坡）、新加坡金管局、澳大利亚央行、马来西亚央行、南非储备银行	该项目拟开发一个基于 DLT 的 mCBDC 结算平台；分别在 Corda 和 Partior 技术平台上开发原型	为一个共享平台开发两个原型，可以使用 mCBDC 进行国际结算	测试完成，项目结束
	Jura	法国央行、瑞士国家银行、BIS 创新中心（瑞士）	通过 DLT 平台上的 PvP 结算机制，进行欧元与端士法郎 CBDC 的交易和结算	法国数字证券与结算、欧元 CBDC 通过 DvP 方式进行结算，欧元 CBDC 与瑞士法郎 CBDC 通过 PvP 方式进行结算	测试完成，项目结束
	MAS	新加坡金管局、法兰西银行	该项目于 2021 年 7 月完成，模拟了在新加坡与法国之间基于批发型 CBDC 的跨境支付和跨币种 PvP 交易	应用 AMMs 和流动性管理功能来获得跨境支付和结算效率的 mCBDC 实验，实现 24×7 实时跨境支付	测试完成，与 Mariana 项目合并

续表

模式	项目名称	参与方	内容简介	跨境业务模型	项目状态
"单一系统"模式	Mariana	新加坡金管局、法国中央银行、瑞士国家银行、欧洲系统BIS创新中心	探索批发型CBDC、AMMs的设计和应用，调查超区域网络是否可以作为跨境结算的有效和可信枢纽，研究该网络内的CBDC治理模型，测试批发型CBDC跨境支付	AMMs将汇集的流动性与创新算法相结合，以确定两个或多个代币化资产之间的价格。类似的AMMs可以成为新一代金融基础设施的基础，促进CBDC的跨境交换	测试完成，项目进行中
	Aber	阿联酋央行、沙特阿拉伯货币局	2019年1月—2020年11月，旨在探索使用单一区域货币进行国内及跨境结算	由于阿联酋迪拉姆和沙特里亚尔都是盯住美元的，因此该试验探索通过双方共同发行CBDC以用于跨境支付	项目进行中

来源：作者整理，数据截至2023年12月。

项目以及美国的 Cedar 项目等。① 二是探索批发型 CBDC 在跨境支付相关场景中的应用，比如 Helvetia 项目已经完成批发型 CBDC 在银行间跨境结算、跨境证券交收等跨境金融场景的测试；注重研究批发型 CBDC 在兼容境内和跨境支付系统乃至实现统一的金融基础设施方面的技术潜能与应用前景。三是评估那些在去中心金融市场实践中已经得到应用的新技术在跨境金融领域的适用性与合规性。

当然，随着人民币国际化取得重大成效，人民币在特别提款权（SDR）中的权重将更加充分反映出中国经济在全球经济中的份额与地位，一种基于动态调整一篮子央行数字货币的超主权数字货币设想或将日益具有可行性，有助于解决单一主权货币作为国际货币存在的内生不稳定性，缓解"新特里芬难题"。

在习近平新时代中国特色社会主义思想的指导下，人民币

---

① 自 2020 年以来，美国连续发布数字美元报告、数字资产行政令、货币支付体系发展趋势报告、美国 CBDC 技术评估报告等多份政策文件和报告，先后公开了汉密尔顿项目（Project Hamilton）、受监管负债网络全美试点项目（Regulated Liability Networks，简称 RLN）、Cedar 项目等实务工作进展，并且披露还有多项研发测试也在进行之中。其中与跨境支付相关的是 Cedar 项目。美国纽联储于 2022 年 11 月发布 Cedar 项目一阶段报告，该项目耗时 12 周，处于实验室状态。Cedar 项目是一个以 UTXO 作为价值模型的多链架构区块链系统原型，旨在探索批发型 CBDC 在多区块链账本系统中实现低延迟跨境 PvP 的可行性。Cedar 项目以区块链作为底层平台，采取功能模块化设计，实现 PvP 结算以提升跨境支付/外汇兑换的效率。

国际化各项指标总体向好，人民币支付货币功能稳步提升，投融资货币功能进一步深化，储备货币功能不断提升，计价货币功能逐步增强。2021年，银行代客人民币跨境收付金额合计为36.6万亿元，同比增长29.0%，收付金额创历史新高。① 2020年11月习近平总书记指出，中国要积极参与数字货币等国际规则制定，塑造新的竞争优势。2022年12月10日，习近平总书记在中国—海湾阿拉伯国家合作委员会峰会上的主旨讲话要求，开展本币互换合作，深化数字货币合作，推进多边央行数字货币桥项目。有理由相信，通过构建基于数字货币的货币伙伴与新型国际协作制度，不断提升我国在全球货币治理中的制度性话语权，培育我国在数字经济时代的竞争新优势，是我国积极顺应全球货币治理改革的一个重要货币治略。

现在，114个国家正在探索央行数字货币，占全球GDP的95%以上。其中，11个国家已经全面启动了央行数字货币项目，其他主要司法管辖区的央行也正在研究和试验。② 几乎各主要经济体的公共与私人部门都在探索如何通过科技为货币金融体系的数字化转型提供思路与方案。一方面是研究探索批发和零

---

① 参见中国人民银行《2022年人民币国际化报告》，第18页。

② 参见美国财政部 Remarks by Under Secretary for Domestic Finance Nellie Liang During Workshop on "Next Steps to the Future of Money and Payments"，https://home.treasury.gov/news/press-releases/jy1314。

售型央行数字货币，实现央行货币的数字化能力。另一方面是商业银行货币的数字化，如代币化存款（tokenized deposits）也正在得到更多的关注。相信在不远的将来，以央行数字货币为根基的数字货币谱系更加丰富多元，能够为更多发展中国家提供相对平等且可自由参与的新型跨境支付体系，并以此提升国际货币体系及全球金融治理的公平性和包容性。

参考文献

说明：中文文献按作者姓名拼音顺序排列，英文文献按作者姓名字母顺序排列。个别文献出版年份加括号，其中数字指该书初版年份。

中文文献

1. 阿克斯沃西.伊朗简史：从琐罗亚斯德到今天［M］.赵象察，胡轶凡，译.北京：民主与建设出版社，2020.

2. 埃文斯，斯默兰.银行卡时代：消费支付的数字化革命［M］.中国银联战略发展部，译.2版.北京：中国金融出版社，2006.

3. 艾森格林.嚣张的特权：美元的兴衰和货币的未来［M］.陈召强，译.北京：中信出版社，2011.

4. 奥姆斯特德.波斯帝国史［M］.李铁匠，顾国梅，译.上海：上海三联书店，2017.

5. 白图泰.伊本·白图泰游记［M］.马金鹏，译.再版.北京：华文出版社，2015.

6. 贝特兰. 纳粹德国经济史［M］. 刘法智，杨燕怡，译. 北京：商务印书馆，1990.

7. 滨下武志. 中国、东亚与全球经济：区域和历史的视角［M］. 王玉茹，等译. 北京：社会科学文献出版社，2009.

8. 滨下武志. 资本的旅行：华侨、侨汇与中华网［M］. 王珍珍，译. 北京：社会科学文献出版社，2021.

9. 波斯坦，哈巴库克. 剑桥欧洲经济史（第三卷）：中世纪的经济组织和经济政策［M］. 周荣国，张金秀，译. 北京：经济科学出版社，2002.

10. 布尔努瓦. 丝绸之路［M］. 耿昇，译. 北京：中国藏学出版社，2016.

11. 布罗代尔. 地中海与菲利普二世时代的地中海世界（第一卷）［M］. 唐家龙，曾培耿，等译. 北京：商务印书馆，2013.

12. 布瓦松纳. 中世纪欧洲生活和劳动（五至十五世纪）［M］. 潘源来，译. 北京：商务印书馆，1985.

13. 蔡渭洲. 中国海关简史［M］. 北京：中国展望出版社，1989.

14. 朝仓弘教. 世界海关和关税史［M］. 吕博，等译. 北京：中国海关出版社，2006.

15. 陈隆文. 春秋战国货币地理研究［M］. 北京：人民出版社，2006.

16. 陈隆文. 先秦货币地理研究［M］. 北京：科学出版社，

2008.

17. 戴建兵.钱币学讲堂集［M］.石家庄：河北人民出版社，2021.

18. 德鲁弗.美第奇银行的兴衰（上下卷）［M］.吕吉尔，译.上海：格致出版社，2019.

19. 丁长清，等.中外经济关系史纲要［M］.北京：科学出版社，2003.

20. 芬得利，奥罗克.强权与富足：第二个千年的贸易、战争和世界经济［M］.华建光，译.北京：中信出版社，2012.

21. 芬利.古代经济［M］.黄洋，译.北京：商务印书馆，2020.

22. 芬纳.统治史（卷一）：古代的王权和帝国——从苏美尔到罗马［M］.马百亮，王震，译.上海：华东师范大学出版社，2010.

23. 弗兰克.白银资本：重视经济全球化中的东方［M］.刘北成，译.北京：中央编译出版社，2005.

24. 弗里德曼，施瓦茨.美国货币史（1867—1960）［M］.巴曙松，王劲松，等译.北京：北京大学出版社，2009.

25. 高亨.商君书注释［M］.北京：中华书局，1974.

26. 戈兹曼.千年金融史：金融如何塑造文明，从5000年前到21世纪［M］.张亚光，熊金武，译.北京：中信出版社，2017.

27. 格雷伯.债：第一个5000年［M］.孙碳，董子云，译.北京：中信出版社，2012.

28. 格里尔森. 拜占庭货币史［M］. 武宝成，译. 北京：法律出版社，2018.

29. 哈达赫. 二十世纪德国经济史［M］. 扬绪，译. 北京：商务印书馆，1984.

30. 韩森. 丝绸之路新史［M］. 张湛，译. 北京：北京联合出版公司，2015.

31. 贺力平. 中外历史上金银比价变动趋势及其宏观经济意义［J］. 社会科学战线，2019（12）：40–50.

32. 贺力平，赵鹞. 跨境支付：从"货币牵引"到"支付牵引"的转变？［J］. 金融评论，2021，13（3）：1–19+123.

33. 黑田明伸. 货币制度的世界史：解读"非对称性"［M］. 何平，译. 北京：中国人民大学出版社，2007.

34. 胡佛. 冒险年代［M］. 钱峰，译. 上海：上海三联书店，2017.

35. 黄鉴晖. 山西票号史［M］. 修订本. 太原：山西经济出版社，2002.

36. 黄维，周卫荣. 唐代白银货币与中西交往［J］. 中国钱币，2014（2）.

37. 黄志田. 丝绸之路货币研究［M］. 乌鲁木齐：新疆人民出版社，2010.

38. 霍墨，西勒. 利率史［M］. 肖新明，曹建海，译. 4版. 北京：中信出版社，2010.

39. 焦建华.福建侨批业研究（1896—1949年）[M].厦门：厦门大学出版社，2017.

40. 杰文斯.货币与交换机制[M].佟宪国，译.北京：商务印书馆，2020.

41. 金德尔伯格.西欧金融史[M].徐子健，等译.北京：中国金融出版社，2007.

42. 卡拉代斯.古希腊货币史[M].黄希韦，译.北京：法律出版社，2017.

43. 科瓦查克，德佩罗.十九世纪英美涉华货币档案[M].张素敏，习永凯，译.石家庄：河北人民出版社，2021.

44. 克里夫兰德，候尔塔斯，等.花旗银行1812—1970[M].郑先炳，译.北京：中国金融出版社，2005.

45. 肯尼迪.大征服：阿拉伯帝国的崛起[M].孙宇，译.北京：民主与建设出版社，2020.

46. 拉尔森.古代卡尼什：青铜时代安纳托利亚的商业殖民地[M].史孝文，译.北京：商务印书馆，2021.

47. 勒费弗尔.拿破仑时代（上卷）[M].河北师大翻译组，译.北京：商务印书馆，1985.

48. 林志纯.世界通史资料选辑（上古部分）[M].北京：商务印书馆，1974.

49. 刘源.商末至西周早期赐贝研究：兼论册命制度的历史渊源[J].历史研究，2022（5）：48-71.

50. 陆磊，刘学. 货币论（第二卷）：货币政策与中央银行［M］. 北京：中译出版社，2022.

51. 罗斯托夫采夫. 罗马帝国社会经济史（下册）［M］. 马雍，厉以宁，译. 北京：商务印书馆，1985.

52. 马克思. 资本论（第一卷）［M］// 马克思，恩格斯. 马克思恩格斯全集：第二十三卷. 北京：人民出版社，1972.

53. 迈耶. 货币市场［M］. 杨万斌，黄铮，译. 海口：海南出版社，2000.

54. 麦迪森. 世界经济千年统计［M］. 伍晓鹰，施发启，译. 北京：北京大学出版社，2009.

55. 蒙代尔. 蒙代尔经济学文集（第四卷）［M］. 向松祚，译. 北京：中国金融出版社，2003.

56. 孟德斯鸠. 论法的精神（上册）［M］. 张雁深，译. 北京：商务印书馆，1984.

57. 米罗普. 古代美索不达米亚城市［M］. 李红燕，译. 北京：商务印书馆，2022.

58. 纳忠. 阿拉伯通史（上卷）［M］. 北京：商务印书馆，2006.

59. 尼尔，威廉姆森. 剑桥资本主义史（第一卷）：资本主义的兴起——从远古到1848年［M］. 李酣，译. 北京：中国人民大学出版社，2022.

60. 纽曼，米尔盖特，伊特韦尔. 新帕尔格雷夫货币金融大辞典（第二卷）[M].北京：经济科学出版社，2000.

61. 帕慕克.奥斯曼帝国货币史[M].张红地，译.北京：中国金融出版社，2021.

62. 彭柯，朱岩石.中国古代所用海贝来源新探[J].考古学集刊，北京：中国大百科全书出版社，1999（12）：119-147.

63. 彭慕兰，托皮克.贸易打造的世界：1400年至今的社会、文化与世界经济[M].黄中宪，吴莉苇，译.上海：上海人民出版社，2018.

64. 彭信威.中国货币史[M].上海：上海人民出版社，2007（1965）.

65. 普劳丁.蒙古帝国的兴起及其遗产[M].赵玲玲，译.北京：社会科学文献出版社，2020.

66. 钱穆.中国经济史[M].北京：北京联合出版公司，2014.

67. 琼斯.圣殿骑士团[M].陆大鹏，刘晓晖，译.北京：社会科学文献出版社，2020.

68. 赛尔伍德，惠廷，威廉姆斯.萨珊王朝货币史[M].付瑶，译.北京：中国金融出版社，2019.

69. 赛尔伍德.帕提亚货币史[M].武宝成，译.北京：法律出版社，2020.

70. 石见清裕.唐代的国际关系[M].吴志宏，译.上海：中西书局，2019.

71. 石俊志.货币的起源[M].北京：法律出版社，2020.

72. 石俊志. 中国货币法制史概论 [M]. 北京：中国金融出版社，2012.

73. 斯密. 国民财富的性质和原因的研究（下卷）[M]. 郭大力，王亚南，译. 北京：商务印书馆，1983.

74. 斯泰尔. 布雷顿森林货币战 [M]. 符荆捷，等译. 北京：机械工业出版社，2014.

75. 汤因比. 历史研究（下册）[M]. 曹未风，等译. 上海：上海人民出版社，1964.

76. 万志英. 剑桥中国经济史：古代到 19 世纪 [M]. 崔传刚，译. 北京：中国人民大学出版社，2018.

77. 汪圣铎. 中国钱币史话 [M]. 北京：中华书局，2004.

78. 王纪洁. 唐代"飞钱"若干问题考证 [J]. 武汉金融，2015（12）.

79. 王纪洁. 中国古代物质文化史·货币（上）[M]. 北京：开明出版社，2018.

80. 王信，罗锐. 白银货币与中国历史变迁问题研究 [M]. 北京：中国金融出版社，2021.

81. 王义康. 中国境内东罗马金币、波斯萨珊银币相关问题研究 [J]. 中国历史文物，2006（4）.

82. 韦伯. 经济通史 [M]. 姚曾廙，译，韦森，校订. 上海：上海三联书店，2006.

83. 沃瑟曼. 圣殿骑士团：十字军东征的守护者 [M]. 刘小欧，

译.长沙：湖南人民出版社，2021.

84. 夏秀瑞，孙玉琴.中国对外贸易史（第一册）[M].北京：对外经济贸易大学出版社，2001.

85. 熊彼特.经济分析史（第一卷）[M].朱泱，孙鸿敞，译.北京：商务印书馆，1996.

86. 休斯，凯恩.美国经济史[M].杨宇光，等译.上海：格致出版社，2013.

87. 杨斌.海贝与贝币：鲜为人知的全球史[M].北京：社会科学文献出版社，2021.

88. 杨君，周卫荣.中国历史货币[M].北京：科学出版社，2022.

89. 姚贤镐.中国近代对外贸易史资料1840—1895（第一册）[M].北京：中华书局，1962.

90. 叶世昌.中国货币理论史（上册）[M].北京：中国金融出版社，1986.

91. 叶世昌.中国金融通史（第一卷）[M].北京：中国金融出版社，2002.

92. 伊格尔顿，威廉姆斯.钱的历史[M].徐剑，译.北京：中央编译出版社，2011.

93. 裕尔.东域记程录丛[M].张绪山，译.北京：中华书局，2008.

94. 张宇燕，高程.美洲金银和西方世界的兴起[M].北京：

中信出版社集团，2016.

95. 张云. 吐蕃丝绸之路［M］. 南京：江苏人民出版社，2017.

96. 张忠山. 中国丝绸之路货币［M］. 兰州：兰州大学出版社，1999.

97. 赵鹞，马伟. 论脸书 Libra 的货币经济学难题［J］. 南方金融，2019（9）：3-11.

98. 中共中央马恩列斯著作编译局. 马克思恩格斯论中国［M］. 北京：人民出版社，1997.

99. 中国钱币学会货币史委员会. 货币起源问题座谈会纪要［J］. 中国钱币，2001（4）.

100. 中国人民银行. 2022 年人民币国际化报告［R］. 2022.

101. 中国人民银行总行参事室金融史料组. 中国近代货币史资料（第一辑）：清政府统治时期［M］. 北京：中华书局，1964.

102. 周卫荣. 丝路贸易与中国古代白银货币［J］. 中国钱币，2017（2）.

103. 佐默尔. 古代经济史［M］. 汤习敏，译. 上海：上海三联书店，2020.

英文文献

1. Accominotti, Olivier and Ugolini Stefano. International Trade Finance from the Origins to the Present: Market Structures, Regulation and Governance [M/OL]//The Oxford Handbook of Institutions of

International Economic Governance and Market Regulation, 2019. https://ssrn.com/abstract=3466109 or http://dx.doi.org/10.2139/ssrn.3466109.

2. Andrew, P. The End of the Mexican Dollar [J]. Quarterly Journal of Economics, 1904, 18(3): 321.

3. Bar-Isaac, Heski and Guillermo Caruana, Vicente Cuñat. Search, Design, and Market Structure [J]. American Economic Review, 2012, 102(2): 1140–1160.

4. BIS. Shaping the future of payments [J]. BIS Quarterly Review, April 2020.

5. Blake, Robert P. The Circulation of Silver in the Moslem East Down to the Mongol Epoch [J]. Harvard Journal of Asiatic Studies, 1937, 2(3/4): 291–328.

6. Brunnermeier, Markus and Harold James, Jean-Pierre Landau. The Digitalization of Money [J]. NBER Working Paper No. 26300, 2019.

7. Brynjolfsson, Erik and Yu J. Hu, Micheal D. Smith. Consumer Surplus in the Digital Economy: Estimating the Value of Increased Product Variety at Online Booksellers [J]. Management Science, 2003, 49(11): 1580–1596.

8. Chapman, Stanley David. The Rise of Merchant Banking [M]. London and New York: Routledge, 1994.

9. Cleveland, Harold van B. and Thomas F. Huertas. Citibank, 1812–1970 [M]. Cambridge, MA: Harvard University Press, 1985.

10. Committee on Payments and Market Infrastructure (CPMI). Cross-border Retail Payments [R]. Bank of International Settlements, February 2018.

11. Committee on Payments and Market Infrastructures (CPMI). New Correspondent Banking Data: The Decline Continues at A Slower Pace [R/OL]. https://www.bis.org/cpmi/paysysinfo/corr_bank_data/corr_bank_data_commentary_1905.htm.

12. Davis, Glyn. A History of Money: From Ancient Times to the Present Day [M]. Cardiff: University of Wales Press, 2002.

13. de Bromhead, Alan and David Jordan, Francis Kennedy, Jack Seddon. Sterling's farewell symphony: The end of the Sterling Area revisited [J]. The Economic History Review, 2023, 76(2): 415–444.

14. Doepke, Matthias and Martin Schneider. Money as a Unit of Account [J]. Econometrica, October 2017, 85(5): 1537–1574.

15. Dowd, Kevin and David Greenaway. Currency Competition, Network Externalities and Switching Costs: Towards an Alternative View of Optimum Currency Areas [J]. The Economic Journal, 1993, 103(420): 1180–1189.

16. Eichengreen, Barry. Golden Fetters: The Gold Standard and the Great Depression, 1919–1939 [M]. New York: Oxford University Press,

1992.

17. Eichengreen, Barry. Global monetary order [R]//European Central Bank. The Future of the International Monetary and Financial Architecture. Frankfurt am Main, 2016.

18. Eichengreen, Barry and Jorge Braga de Macedo. The European Payments Union: History and Implications for the Evolution of the International Financial Architecture [M]. Paris: OECD Development Centre, March 2001.

19. Einzig, Paul. The History of Foreign Exchange [M]. London: Macmillan, 1970.

20. Feige, Edgar L., et al. Unofficial Dollarization in Latin America: Currency Substitution, Network Externalities, and Irreversibility [M]//Dominick Salvatore, James W. Dean, Thomas D. Willett. The Dollarization Debate. New York: Oxford University Press, 2003.

21. Fischer, David Hackett. The Great Wave: Price Revolutions and the Rhythm of History [M]. New York: Oxford University Press, 1996.

22. Flandreau, Marc and Clemens Jobst. The Empirics of International Currencies: Network Externalities, History and Persistence [J]. The Economic Journal, 2009, 119(537): 643–664.

23. Flynn, Dennis O. and Arturo Giráldez. China and the Birth of

Globalization in the 16th Century [M]. Farnham: Ashgate, 2010.

24. Goldfarb, Avi and Catherine Tucker. Digital Economics [J]. Journal of Economic Literature, March 2019, 57(1): 3–43.

25. Goldsmith, Raymond W. Premodern Financial Systems: A Historical Comparative Study [M]. Cambridge: Cambridge University Press, 1987.

26. Gomez-Herrera, Estrella and Bertin Martens, Geomina Turlea. The Drivers and Impediments for Cross-Border e-Commerce in the EU [J]. Information Economics and Policy, 2014, 28(1): 83–96.

27. Gopinath, Gita and Emine Boz, Camila Casas, Federico J. Díez, Pierre-Olivier Gourinchas, Mikkel Plagborg-Møller. Dominant Currency Paradigm [J]. American Economic Review, 2020, 110 (3): 677–719.

28. Hamilton, Earl J. American Treasure and the Rise of Capitalism, 1500–1700 [J]. Economica, 1929, 27: 338–357.

29. International Monetary Fund. Digital Money Across Borders: Macro-Financial Implication [R]. IMF Staff Report No.2020/050, October 2020.

30. Jost, Patrick M. and Harjit Singh Sandhu. The Hawala Alternative Remittance System and its Role in Money Laundering [R]. June 2016.

31. Keynes, J. M. Currency in 1912 [J]. The Economic Journal,

1914, 24(93): 152–157.

32. Li Yung-ti. On the Function of Cowries in Shang and Western Zhou China [J]. Journal of East Asian Archaeology, 2003, 5(1): 1–26.

33. Lopez, Robert S. The Commercial Revolution of the Middle Ages, 950–1350 [M]. Cambridge: Cambridge University Press, 1976.

34. Maddison, Angus. Phases of Capitalist Development [M]. New York: Oxford University Press, 1982.

35. McGuire, Patrick. BIS Triennial Central Bank Survey of Foreign Exchange and Over-the-counter (OTC) Derivatives Markets in 2022 (2022 Triennial Survey) [R]. October 2022.

36. McKinsey. Global payments 2017: Amid rapid change, an upward trajectory [R]. October 2017.

37. Meissner, Christopher M. A New World Order: Explaining the International Diffusion of the Gold Standard, 1870–1913 [J]. Journal of International Economics, 2005, 66(2): 385–406.

38. Michie, Ranald. Jewish financiers in the City of London: reality and rhetoric, 1830–1914 [M]//Carmen Hofmann, Martin L. Müller. History of Financial Institutions: Essays on the History of European Finance, 1800–1950. London and New York: Routledge, 2017.

39. Nakajima, Masashi. Payment System Technologies and Functions: Innovations and Developments [M]. Hershey, Pennsylvania: IGI Global, 2011.

40. Officer, Lawrence H. and Samuel H. Williamson. The Price of Gold, 1257–2014 [R]. MeasuringWorth, 2019.

41. Park, Y. S. The Inefficiencies of Cross-border Payments: How Current Forces Are Shaping the Future [J]. Visa Commercial, November 2006.

42. Plumpe, Werner and Alexander Nützenadel, Catherine Schenk. Deutsche Bank: The Global Hausbank, 1870–2020 [M]. London: Bloomsbury Publishing, 2020.

43. Quiggin, A. Hingston. A Survey of Primitive Money: The Beginnings of Currency [M]. London and New York: Routledge, 2018(1949).

44. Rambure, Dominique and Alec Nacamuli. Payment Systems: From the Salt Mines to the Board Room [M]. London: Palgrave Macmillan, 2008.

45. Rochet, Jean-Charles and Jean Tirole. Platform Competition in Two-sided markets [J]. Journal of The European Economic Association, 2003, 1(4): 990–1029.

46. Rostow, W. W. The World Economy: History and Prospect [M]. Austin: University of Texas Press, 1978.

47. Santarosa, Veronica A. Financing Long-Distance Trade: The Joint Liability Rule and Bills of Exchange in Eighteenth-Century France [J]. Journal of Economic History, 2015, 75(03):690–719.

48. Schenk, Catherine R. The Decline of Sterling: Managing the Retreat of an International Currency, 1945–1992 [M]. Cambridge: Cambridge University Press, 2010.

49. Scott, Susan V. and Markos Zachariadis. The Society for Worldwide Interbank Financial Telecommunication (SWIFT): Cooperative governance for network innovation, standards, and community [M]. London and New York: Routledge, 2013.

50. Spufford, Peter. Money and Its Use in Medieval Europe [M]. Cambridge: Cambridge University Press, 1988.

51. Toniolo, Gianni. Central Bank Cooperation at the Bank for International Settlements, 1930–1973 [M]. Cambridge: Cambridge University Press, 2005.

52. Tortella, Gabriel and José Luis Garcia Ruiz. Spanish Money and Banking: A History [M]. London: Palgrave Macmillan, 2013.

53. Trivellato, Francesca. The Promise and Peril of Credit: What a Forgotten Legend about Jews and Finance Tells Us About the Making of European Commercial Society [M]. Princeton: Princeton University Press, 2019.

54. Usher, Abbot Payson. The Origins of Banking: The Primitive Bank of Deposit, 1200–1600 [J]. Economic History Review, 1934, 4(4): 410–12.

55. Wang, Helen. Money on the Silk Road: The Evidence from

Eastern Central Asia to c. AD 800 [M]. London: British Museum Press, 2004.

56. Watson, Andrew M. Back to Gold—and Silver [J]. Economic History Review, 1967, 20(1): 1–34.

57. Wilson, John Donald. The Chase: The Chase Manhattan Bank, N.A., 1945–1985 [M]. Brighton, MA: Harvard Business School Press, 1986.

条目索引

说明：本索引主要选取与古往今来跨境支付全球发展密切相关的概念及部分人名、地名；正斜杠符号（/）表示两个或多个相同或相近含义的词语合并于此；括号内为附加说明或互参提示；小写字母 n 表示当页脚注。

A

阿姆斯特丹银行 / 阿姆斯特丹汇兑银行 133，137-139，247

B

巴塞罗那存款银行 133-135
白图泰，伊本 29
备付金 / 准备金 5，7-8，189，199，201，211-212
本票 / 银行本票 127，128，143
比特币 223n，238-241，255
闭环模式 8-9，111，117，119，129，249，251，257
便换 112-116
布雷顿森林体系 54，101，160-163，165，198，208-209，244
布罗代尔，费尔南 67

C

朝贡/朝贡贸易 46-47,70

存款货币/银行货币 138,247,262,273

存款银行 11,132-135

CIPS/人民币跨境支付系统 213-215

D

大额/大金额/大额支付 4,7n,58,110,138,155,186,188,190,199,210,213,245

代理行/代理行模式 8-9,12,111,136,139-142,159,176,178,186-188,192,198-199,205,232,237-238,248-249,252,268

点对点/点对点模式 8-9,151,214,219,239,248-250,266n,269

电汇 193

电子钱包/手机钱包 214,223,229

杜卡特 81,93,126

多边跨境支付(另见无国界支付) 104-106

多边支付机制/多边支付组织 11,167,174

F

飞钱/唐朝飞钱 11,111-118

非现金/非现金支付 5,11,58,69,72,79,104,110-112,116,125-126,128,130-131,135,138-139,142,150,154-155,183-185,193-194

腓尼基人/迦太基人 48,52-53

富兰克林,本杰明 94

G

戈德史密斯,雷蒙德 78

格雷欣法则/劣币驱逐良币 97，245

个人支票 128，182-185，187，206

《管子》37n，72

国际清算银行 5n，169-173，175，208-209，237，247-248，258n，262-263，264n，266-267

国际货币 11，32，37-38，59，98-99，149，159-160，163，165-167，209，246，253，256n，259n，262，271

国际货币基金组织（IMF）160，162，256n

国际货币体系 160，162，165，260-261，273

国际银行/跨国银行 9，123，129，140，141，176，181，212

国内支付 4-7，10-12，32，50，63-66，72，78，85，109，128，136，139，159，183-188，190-191，193，197-198，200，264n

H

哈瓦拉 153-154

海贝/马尔代夫海贝 25-34，39，44，63

汉穆拉比法典 151-152

汉武帝 24，40

赫斯塔特风险/结算风险/交易对手风险 191，209-210，213，250，257

亨第 152，154

互联模式 8-9，201，203，249，266，268

环球银行金融电信协会（SWIFT）205-208，248-249，268

汇兑 36，92，112-113，116n，123-125，132-133，137-139，148，176，178

汇票 105，111-113，122，125-131，136-137，142-149，151-153，155，159，178-179，187，258-259

货币区（另见数字货币区）34-36，68，151

货币税 42，55，66，78，85，115-116，153

J

吉提亚尔 154

加洛林铸币体系 86

加密资产 3，8，219，236n，238-242，244-245，249，255，266

迦太基人：参见腓尼基人

交易币 54，58，81

交易对手风险：参见赫斯塔特风险

结算风险：参见赫斯塔特风险

杰文斯，威廉·斯坦利 16-18

借记卡（另见信用卡）3，196，232

金镑 50，57-58，93，95

金本位 72，89，92-104，140，149，159-160，163-164，171，188

金币 29n，40n，41，43，45，48，50-53，57-58，73-81，83-84，87，90n，92-94，100，124-125，148n，153，164，188

金币本位 92

金德尔伯格，查尔斯 256n

金汇兑 92，123

金条本位 92

金银比价 43，71，73，77-78，85，87-88，94-98，102

金银复本位 72，81，92-93，101-103，245

金银铜 72-74，109

K

卡网组织 11，191-192，195-198

凯恩斯 58，260

可兑换 22，57，70，92-93，95，110，149，163-164，192，261

跨国银行：参见国际银行

跨境零售支付 11，191-192，198，232-235，243，249，266n

L

拉丁货币联盟 98-99

联合责任规则 144

连续连接结算银行/连续连接结算机制（CLS）205，210-213，249

劣币驱逐良币：参见格雷欣法则

零售支付（另见跨境零售支付）6，109，184，261-262

伦敦汇票/英镑汇票 139，145-147，149，259

伦敦清算所 185-187

旅行支票/旅行者支票 192-194

M

马尔代夫海贝：参见海贝

马可·波罗 39

马克思 46n，50

玛利亚·特蕾莎银币（MTT）53-54

贸易信贷 123，143，177-178，180-181

贸易银行/外贸银行 141，159，176-177，183

美第奇银行 9，11，111，122-126，128-129，132，135，141

美元（非单位）11，99-100，147-149，159-167，172，174，194，208-209，211，213，240-241，244，253，254n，255，256n，257，259n，270

蒙代尔，罗伯特 74-75

孟子 23-24

墨西哥银圆 54-58

N

拿破仑三世 98-99

牛顿，艾萨克 94-95

纽约清算所协会 187

O

欧元区 5，9，11，159，197–203

欧洲支付同盟 172–175

欧洲支票系统 182

P

彭信威 24，112

批发支付（另见大额支付）6，7n，203，262

票号 / 山西票号 114，131，192

票据 / 票据市场（另见汇票）113，128，131，143–145，152–153，155–156，175，178，185–188，235

票据承兑商 143，145–146

票据交换银行 171–172

Q

侨汇 / 侨批 154–155

清算 / 清分 8，140，160，170，173，188–190，195，213–215，266

区块链 220，223，235–236，238，240，258n，267–268，271n

全能银行 141，176，183

全球稳定币 / 稳定币 132，139，219，240–244，247，249，256–257，261–262，265

券款对付（DvP）214，262n，269

R

人民币 / 人民币国际化 / 数字人民币 12，209，213–215，226，263，271–272

《日内瓦公约》128

S

山西票号：参见票号

商队 8，46，67-68

商品货币 56，168

商人银行 141，143，159，175-176，183-184

商鞅/《商君书》37

商业银行 11，141，143，145，159-160，175，177-181，183-185，190，199，209，268，273

圣殿骑士团 9，11，111，117-123，125

什一税 67，86，122

实时总额结算（RTGS）187，189，201，268

实物税 42，115-116

《史记》24，26，36，38，41，72，112

手机钱包：参见电子钱包

数字货币 12，219，225-226，228，243，256n，260-261，263-267，271-273

数字货币区/数字货币桥 12，260-261，267，269，272

数字支付平台/移动支付平台/线上支付平台 224，226，228-229，251，254-255，256n，257，260

丝绸之路 38-40，44-45，47-48，70，79，83

斯德哥尔摩银行 138

司马迁 24，26

斯密，亚当 139

4德拉克马 50-53，56，82-83

粟特人 42，47-48

T

汤因比，阿诺德·J 24，48-49

唐朝飞钱：参见飞钱

铜币 / 铜钱 45, 49–50, 56, 73, 75, 78, 80–81, 83, 87, 109, 114

投资银行 141, 143, 159, 175–176, 183–184

W

外汇 / 外汇市场 36, 149, 161–167, 171–172, 174, 191, 194, 208–210, 213, 248, 254n, 258n, 265, 271n

外贸银行：参见贸易银行

汪大渊 29

王莽 73, 85

网络体系 10, 69–72, 92, 96–97, 103, 105, 111, 140, 150, 159, 190, 198

网络效应 / 网络外部性 102–103, 243, 249–250, 252, 254, 257, 260

威尼斯里亚尔托广场银行 133, 137–138

韦伯，马克斯 20–21, 23, 25, 32

稳定币：参见全球稳定币

乌夫拉尔，加布里埃尔 105–106

无国界支付 255

物价—现金流动机制 168–169

物物交换 / 以物易物 / 以货易货 15–18, 20, 33, 44, 46, 63

X

西域 39–42, 48n, 84, 114

现金（另见硬币和非现金）3, 5, 78–79, 94, 106, 109–110, 112–113, 125–127, 130, 134–135, 138, 146, 150, 152–153, 168–169, 201, 249, 265

信用卡 3, 159, 183, 193–197, 224–227, 232

信用证 118, 127, 192, 194

休谟，大卫 168

玄奘 39-40

Y

《牙买加协议》162

延期支付 6，125

延时差额结算（DNS）186

央行数字货币/法定数字货币 12，240，246，251，256n，258n，260-269，271-273

移动支付 7，184，221，223，225，227-230，233

以货易货：参见物物交换

以物易物：参见物物交换

易货贸易支持工具（INSTEX）172

银本位 58，98-103，105，148

银币/银两 43，45-46，48，50-57，66，70，73-87，91，93-95，97-100，148n，149，153

银行本票：参见本票

银行承兑汇票 127，143，187

银行汇款 185，224

银行货币：参见存款货币

银行券/纸币/纸钞 11，24-25，50，57，59，70，92-93，95，100，109-111，113-114，138，164，261

英镑（非单位）11，59，86，93-95，126，139-140，145-149，159-161，163-166，171，208-209，211，256n

英镑汇票：参见伦敦汇票

硬币（另见铸币）58，92，94-95，109-111，138，199

犹太人/犹太民族 10，69，130

原始货币 26，33-34，63

Z

张骞 39-41

支付（定义）3-12

支票（另见汇票和票据）3，127-128，136，152，182-185，187-188，192-194，206

纸币/纸钞：参见银行券

中央银行 11-12，145，159，165，169-170，185-187，190-191，198-200，202-203，208，219，239，241，245-247，261-262，264n，265-268，270

铸币 20，33-34，38，42-43，45n，48-53，57-59，63-65，68，73-74，77-78，81，83，86-87，93-95，99-100，109-111，115，133，138，249，261

铸币税 49，93，95，241，247

转账（另见转账系统和转账银行）3，7-8，123，128，132，134-136，141，178，182，184-185，187，189，199，203，206-207，229，262n，268

转账系统/转移系统 117，136，153，188-189，199，213

转账银行（Giro）137，182

准备金：参见备付金

跋

跨境支付国际发展历程的启示

本书简略回顾了世界范围内跨境支付自古代至 21 世纪的发展历程，要点可归纳如下。（1）人类诞生之初便有跨境支付活动出现，远古时期的跨境支付发生在不同部落和部族之间；中国商周时期使用的海贝极有可能来自印度洋；倘若如此，"跨境"在古代已达数千千米之遥。（2）历史上多种多样的物品充当过跨境支付工具，它们无不反映跨境支付早期阶段上的地域、文化和有关政权的政策多样性。（3）跨境支付的发展是推动货币诞生的重要因素，因为部落或部族之间的交往或许较其内部的交往更早出现商业化倾向。（4）货币因交往和交换而诞生，货币诞生后又给各部族和民族内部以及相互间的交往和交换带来巨大影响。（5）金银是古往今来诸多大型政权（帝国）的币材，受此影响，历史上出现过多种中心化的和半中心化的支付和跨境支付框架。（6）中世纪以来，跨境支付领域发生过数次重大创新和飞跃。首屈一指的创新是唐朝"飞钱"和中世纪欧洲的汇票,它们开了非现金支付工具的先河,为远距离和跨国境的大额支付提供了便利。(7)中世纪晚期和近代早期欧洲出现的存款银行为另一个重大创新,此为非现金支付工具的广泛运用奠定了组织和制度基础,并为后来基于代理行模式的非现金跨境支付工具在全球范围的普及提供了可能。(8)20世纪是跨境支付大发展时期,政府间多边支付组织登上了历史舞台,商业银行取代传统的商贸企业和投资银行而成为跨境支付服务的主角,中央银行成为国内支付体系建设的主导,20世纪后半期以来卡网组织推动跨境零售支付快速发展,全球范围内跨境支付基础设施建设取得突出成就。(9)进入21世纪以来,在数字技术的推动下,跨境支付领域出现了诸多重大变革,移动支付成为国内零售支付和跨境零售支付的流行新方式,传统代理行模式遭遇挑战,数字货币和加密资产成为一种竞争性的跨境资金转移方式,包括中国在内的许多国家正在积极开发央行数字货币,有望在不远的未来为跨境支付提供新的技术和制度支持。

　　本书考察重点之一是跨境支付与货币演化的关系。本书考察发现,此关系具有复杂性和多样化。(1)支付与货币、跨境支付与国际货币是既有联系又有区别的事物,其相互间既可促进亦可妨碍。各国货币使用普及后,各国相互间的跨境支付离不开货币;但是,在跨境交易中究竟使用哪一国的货币时常成为问题;国际货币是跨境支付中的常用货币,但其在世界中的地位既非与生俱来,亦非一成不变。(2)19世纪以来,跨境支付中的国际主导货币先后有英镑和美元,其支撑因素包括庞大的跨国商业网络、高度国际化的金融机构、高度开放的国内金融市场、基本稳定的货币价值以及经济规模和国内市场规模等。某种货币取得国际货币地位后会持续很长时间,并在此期间主导世界范围内的跨境支付。但是,"(在跨境支付中)**选择哪种货币,不是根据其优点或道德价值,而是使用规模**"(金德尔伯格)。此说法反映了国际货币影响跨境支付的作用。(3)进入21世纪以来,数字技术的迅猛发展极大地推动了零售领域的跨境支付服务革命,多种新工具和新方法被开发出来并投入运用,技术进步的威力在跨境支付中得到充分显现。另外,在21世纪中,随着新兴市场经济体的兴起,世界重要国家的经济和金融发展出现诸多趋同,包括金融机构成长、金融市场开放和货币价值稳定等。各大经济体之间的竞争越来越多地表现为新技术开发和运用上的竞争。在此背景下,跨境支付发展对国际货币关系的调整具有前所未有的重要意义。

跨境支付国际发展历程充满各式各样的发明创造,从唐朝的"飞钱"到美第奇家族的私人跨国银行,从国际清算银行到环球银行金融电信协会,从移动支付到数字人民币,无不体现了跨境支付经营者和提供商的探索与创新实践。跨境支付全球史告诉我们:(1)如同所有其他人类创造物一样,跨境支付自古至今一直是创新驱动和创新主导的发展过程。(2)在商业和国际贸易的推动下,跨境支付经营者和提供商经历了从综合化到专业化以及专业化与综合化相结合的发展历程。(3)从19世纪到20世纪,银行成为跨境支付服务的主角,而进入21世纪后,科技公司成为利用数字新技术开发新支付工具的主力军,技术优势的天平在众多竞争者之间出现倾斜,跨境支付领域呈现百花竞艳的新面貌。(4)跨境支付的顺利发展有赖于国际合作,包括商业机构之间的跨境合作、金融机构之间的跨境合作以及各国政府在跨境支付基础设施领域中的合作,简言之,微观层面的机构合作与宏观层面政府间合作皆为跨境支付发展所必需。(5)在新的国际经济和监管环境中,跨境支付发展面临着难以逾越的内在冲突,即如何兼顾跨境支付工具的经营成本、业务效率、服务包容性和透明度(监管合规要求)。不同的跨境支付工具和业务模式各有优缺点,难以一比高低,正是这种内在冲突的存在推动跨境支付服务行业中的各个机构不断创新,在竞争中运用新技术、新模式获得新的竞争优势。(6)借助于数字技术与数字平台创新,超主权数字货币设想具备技术可行性,或能在国际货币体系改革与国际跨境支付公共设施供给侧改革这两个层面发挥独特作用。

21世纪是经济全球化深入发展的新时代,同时也是国际地缘政治关系发生深刻变化的时期。21世纪初以来,中国经济持续快速增长，经济规模空前扩大，中国已成为世界最重要经济体之一。在新的国际经济环境中，支付和跨境支付在国际经济发展和竞争中的地位极大地升高了，支付和跨境支付已成"国之大者"——支付和跨境支付发展不再仅是一个国家及其央行机构的事务性工作，需站在新高度、秉持新全局观，博采众家之长，在"百年未有之大变局"的前瞻下，探寻规划"支付治略"。为此，我们应以国之视角和全球视野看待支付和跨境支付产业的未来发展前景，寻求最适合的创新路线，充分发挥所有参与者的创新潜力，推动中国成为新时代全球支付产业和跨境支付领域的前行者和排头兵，以跨境支付发展助力人民币国际化。

致　谢

两位作者数年前即开始酝酿本书写作计划，2019年后多次交流，大约在2020年上半年形成基本思路。写作本书的初衷是从全球角度总结跨境支付发展的历史经验，看清跨境支付在当今世界的发展现状及特点，展望跨境支付发展的未来趋势，并为中国在此领域更好利用发展机遇提供借鉴。

两位作者衷心感谢中国人民银行副行长陆磊先生。我们从他的最新著作中汲取了他对货币理论与数字货币的前沿思考，并应用于本书的写作。

两位作者特别感谢清华大学五道口金融学院前院长、中国人民银行原行长助理张晓慧博士拨冗作序，她对本书的推荐是对作者的莫大鼓励。我们也感谢中国社会科学院金融研究所张晓晶所长、中国银行研究院陈卫东院长和国际货币基金组织资本市场部何东主任的评语，我们曾以多种形式与他们友情交流。感谢中国社会科学院金融研究所《金融评论》编辑部程炼主任和周莉萍副主任，其为两位作者发表在该刊的早期成果提出了重要意见和建议。感谢中国支付清算协会王玉雄同仁，他为本书写作进程提供了诸多专业意见。感谢腾讯金融研究院的孙霄、杜晓宇、巴洁如、曾妍等。

特别感谢周卫荣和戴建兵两位知名学者。周卫荣先生现任中国钱币博物馆馆长和中国钱币学会秘书长、中国钱币学会学术委员会主任委员,是中国钱币史和货币史的著名专家。在本书涉及古代中国货币起源的地方,周老师慷慨地给予了宝贵指点。戴建兵先生担任河北师范大学领导职务及中国金融学会金融史专业委员会副主任委员,长期从事中国货币金融史研究并有丰硕成果。戴教授友情惠赠多本大作,其中数本"碰巧"帮助解决了本书涉及的几处疑难。

特别感谢中国人民银行相关领导在本书撰写与成书过程中提出的宝贵且富有远见的建议与意见,特别感谢数字货币研究所的穆长春所长、国家外汇管理局马昀副主任。同时感谢中国社会科学院世界经济与政治研究所的徐奇渊副所长以及杨盼盼、夏广涛两位研究员。

本书的出版离不开中译出版社乔卫兵社长的大力支持、于宇主任和方荟文编辑等同仁的全力帮助。感谢中译出版社编辑团队高度专业的出版服务工作。

贺力平　赵鹞
2024 年 1 月于北京